Ko Ngā Mea o Roto

Ko te Whakatuwheratanga

Welcome to this **Pukapuka Mahi** (workbook) for *Te Awa Rere*, the third level of *Te Ia Reo*. The book is made up of thirty assignments — six for each of the five chapters of the **Rauemi Ākonga** (textbook).

The assignments reinforce vocabulary and structures you have encountered in the textbook. The first of each cluster of six is mainly concerned with vocabulary. The sixth of each cluster consists of several word puzzles. In between there is a variety of exercises such as:

   • matching questions and answers
   • finding the right word or phrase from a list to match pictures
   • creating conversations from a list of sentences
   • making up answers to questions either from information in pictures or from the questions themselves.

If you have worked through the chapter concerned, you should be able to do these assignments and achieve between 80-100% success. Use the textbook to check back on things you are not sure of. In places there are references to particular "Whakamārama" (explanations) that may help you.

The assignments have been designed so you can work through them on your own, but they can of course be used for work in pairs or in a group.

I hope you will find this book an enjoyable way to reinforce your learning of Māori.

Ian Cormack

Whakatauanga Mahi 1

Ngā Kupu

*1.1 **He mahi whakamāori.** The English words listed below are translations of Māori words used in Te Wāhanga Tuatahi "Ō Mātou Whanaunga". Write the Māori words for them in the spaces alongside. In some cases the same Māori word may be used twice.*

Kupu whakapapa *(words about relationships)*

eldest brother/sister ....

son-in-law, daughter-in-law ....

brother-in-law (of a woman) ....

relations *(general)* ....

brother-in-law (of a man) ....

sister-in-law (of a woman) ....

uncle...

mother-in-law ....

father-in-law ....

nephew ....

niece ....

sister-in-law (of a man) ....

relations *(by blood)*...

genealogy, family tree ....

grandmother..

to divorce ....

single, not married..

youngest brother/sister ....

to be separated ....

widow, widower ....

grandfather ....

descendant ....

relationship ....

Kupu āhua *(adjectives)*

difficult ....

lonely ....

exciting ....

complex ....

last, final ....

tall *(of people)* ....

confused ....

fixed, permanent ....

Kupumahi *(verbs)*

to ask, inquire ....

to print, draw ....

to show ....

to marry ....

to think mistakenly ....

to say, mention ....

Kupu ingoa *(nouns)*

bear ....

Dunedin ....

district, area ....

part, section, chapter ....

monkey...

flounder ....

surface ....

brain ....

sheet (of paper) ....

Ētahi atu kupu *(other words)*

only, alone..

that (already mentioned) ....

besides ....

those (already mentioned)......................................

quite ....

good evening! ....

no, not *(used in the past)*

please ....

throughout the country..

kick it! ....

a, an, one ....

Kupu wā (*time words*)

in the future ....

Kupu wāhi (*place words*)

(is) here ....

(is) there (by you) ....

(is) there (over there) ....

the far side (*of a distant object*)...........................

this side (*of a distant object*)..............................

Kīwaha (*idiomatic sayings*)

Don't! Stop it! ....

Well then! ....

As far as I'm concerned ....

Thanks very much ....

What you're saying is correct ....

That's correct ....

1.2 He tā whakaahua. *Draw a picture below each of these kupu ingoa to show you understand its meaning.*

rererangi pōwaiwai

rererangi pūkaha hū

hōiho

poaka

*1.3 **He whakakī i ngā kupu kei te ngaro.** Complete the sentences below the whakapapa by filling in the missing words. Rewrite the sentence in full in the space provided. Use the whakapapa to help you work out the relationships between the people mentioned. The number of spaces equals the number of missing words.*

```
                    Hepetema Taiaroa = Whetūariki de Blais
                       (i mate i 1989)        (W 68)

   Rangi Taiaroa = Tīmoti Korako              Rēnata Taiaroa = Kokoiti Kaiata
      (W 43)          (T 38)                     (T 38)          (W 34)
                         Tārati Taiaroa = Sean Donaldson
                            (W 41)            (T 41)
                                                                  ─ Rīpeka (W 15)
                                                                  ─ Whetū (W 13)
                                    ─ Piki (W 22)                 └ Tāmati (T 10)
         ─ Horiana (W 17)           ─ Taipari (T 18)
         ─ Anaru (T 15)             ─ Pahi (T 16)
         └ Hēmi (T 13)              ─ Ani (W 14)
                                    └ Te Whanauka (W 12)
```

1   Ko Piki te ____ ____ Ani ____ ____ Te Whanauka.

....

2   Ko Horiana ____ ____ ____ Piki.

....

3   Ko Sean Donaldson te ____ ____ Tīmoti Korako.

....

4   Ko Rīpeka rātou ko Whetū ko Tāmati ____ ____ a Rangi Taiaroa.

....

5   Ko Whetūariki ____ ____ ____ Tīmoti Korako.

....

6   Ko Tīmoti Korako ____ ____ ____ Tārati Taiaroa.

....

7   Ko Rangi Taiaroa ____ auwahine ____ ____ .

....

8. Ko ____ ____ kauaemua ____ te whānau ____ .

....

Whakatauanga Mahi 2

2.1 He whakautu pātai. Look at the whakapapa below and answer the questions. Use the example to help you. Write your answers in the spaces provided.

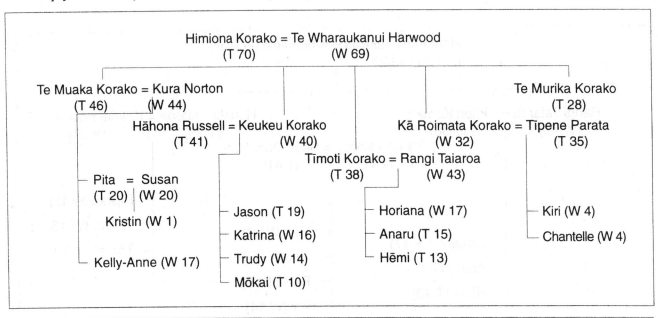

Tauira

Titiro ki a Hāhona Russell. Tokohia āna tamariki?

Tokowhā āna tamariki, Ko Jason rātou ko Katrina, ko Trudy, ko Mōkai.

1   Titiro ki a Te Muaka rāua ko Kura Korako. Tokohia ā rāua mokopuna?

   ....

2   Titiro ki a Te Muaka. Tokohia ōna auwāhine?

   ....

3   Titiro ki a Te Murika Korako. Tokohia ōna taokete?

   ....

4   Titiro ki a Himiona Korako. Tokohia āna tamariki?

   ....

   ....

5   Titiro ki a Kura Norton. Tokohia ōna autāne?

   ....

6   Titiro ki a Keukeu Russell. Tokohia āna tamariki?

   ....

   ....

2.2 *He rapu kōrero whakaūpoko.* Select an appropriate caption for each of the pictures from the *rārangi kōrero* below. Write the caption in the space provided below each picture. You may need to look again at **Te Whakamārama 1.3** on page 14 of *Te Awa Rere* before you do this exercise.

Rārangi kōrero

E horoi ana ia i ngā kākahu paru.
E puta mai ana te tama ki waho i te whare.
Ka tae mai pea te pahi ākuanei?
Kei te kāinga te wahine e kai ana.
Kua uru atu ia ki roto i te whare.

Kua puta mai ia i te whare.
Kua hari ia i te pereti ki te tēpu.
I horoi rāua i ngā kākahu i te ata nei.
I kai te tama i te haurua mai i te whitu.
I kuhu atu ia i mua. Kei roto ia i nāianei.

1 ....
....
....

2 ....
....
....

3 ....
....
....

4 ....
....
....

5 ....
....
....

6 ....
....
....

7 ....
....
....

8 ....
....
....

9 ....
....
....

10 ....
....
....

2.3 *He tuhituhi anō. Study the two examples, then rewrite the following "i" sentences in the negative form. You may need to look again at **Te Whakamārama 1.4** on page 17 of Te Awa Rere before you do this exercise.*

Tauira

I kōrero te tāne ki a rāua.

Kīhai te tāne i kōrero ki a rāua.

I tākaro ngā tamariki i waho i te whare.

Kīhai ngā tamariki i tākaro i waho i te whare.

---

1   I waru taku hoa i ngā rīwai.

   ....

2   I horoi ngā tama i ngā pereti paru.

   ....

3   I tahu a Kim i ā kōrua tōtiti.

   ....

4   I aroha ia ki tōna hoa rangatira.

   ....

5   I hiahia rātou ki te haere.

   ....

6   I haere rāua ki te tāone mā raro.

   ....

2.4 *He tuhituhi anō. Study the two examples, then rewrite the following negative "i" sentences in the positive form. You may need to look again at* **Te Whakamārama 1.4** *on page 17 of Te Awa Rere before you do this exercise.*

> *Tauira*
>
> Kīhai te whānau o Mere i tatari ki a au.
>
> *I tatari te whānau o Mere ki a au.*
>
> Kīhai ia i haere ki te hoko kai.
>
> *I haere ia ki te hoko kai.*

1 Kīhai tērā tamaiti i whakahoki i tāku rīpene puoro.

   ....

2 Kīhai aua tāngata i noho ki te kāinga.

   ....

3 Kīhai tōna hoa i tae ki Tāmaki-makau-rau i tērā wiki.

   ....

4 Kīhai te rōpū rā i pīrangi ki te mahi.

   ....

5 Kīhai tōku whānau i mātakitaki i te rīpene ataata.

   ....

6 Kīhai ia i hoki ki Ahitereiria ki te noho.

   ....

Whakatauanga Mahi 3

3.1 **He rapu kōrero whakaūpoko.** *Select an appropriate caption from the rārangi kōrero for each of the pictures below. Write the caption in the space provided beside each picture. You may need to look again at* **Te Whakamārama 1.5** *on page 19 of Te Awa Rere before you do this exercise.*

Rārangi kōrero

Kei konei tāku pene.   Kei korā te pēke.
Kei konā tāku pene.   Kei konei te pēke.
Kei korā tāku pene.   Kei konā āku pene.
Kei konei ōu kākahu mā.   Kei konei āku pene.
Kei konā ōku kākahu mā.   Kei konei āna pēke.

1 ....
....

2 ....
....

3 ....
....

4 ....
....

11

5 ....
....

6 ....
....

7 ....
....

8 ....
....

9 ....
....

10 ....
....

3.2 He kimi whakautu tika. Only one of the two sentences beside each question is a good answer to the question asked. Choose the one you think is the better answer, draw a line through the other, and write the sentence you have chosen in the space provided.

Tauira

Kei hea ōu taokete?   ~~Kei konei ōu taokete.~~

Kei korā ōku taokete.

Kei korā ōku taokete.

---

1   Kei hea ōku taokete?   Kei korā ōna taokete e tū ana.

Kei korā ōu taokete e tū ana.

....

2   Kei hea ōna hungawai?   Kei korā rātou, kei te marae.

Kei korā mātou.

....

3   Kei whea tāku koma?   Kei korā tāna koma.

Kei kōna tāu koma.

....

4   Kei whea āna mokopuna?   Kei korā rātou.

Kei konei au e tātari ana.

....

5   Kei hea tōu autāne?   Kei korā tōku autāne.

Kei konei kē au.

....

3.3 He hanga kōrero. *Make up sentences to describe each of the 10 pictures below by combining items from columns 1, 2, and 3, and then writing them in the space provided below each picture. The number in brackets refers to the number of times each phrase should be used. You may need to look at* **Te Whakamārama 1.7** *on page 24 of Te Awa Rere before you do this exercise.*

1	2	3
(1) Haria mai	(1) te ipu putiputi	(1) i konei
(2) Haria atu	(1) ōna kākahu mā	(3) i korā
(1) Tīkina atu	(2) te taonga whakaata	(1) i konā
(3) Kei te takoto	(2) te puruma	(2) ki konei
(1) Kei te tū	(3) a Pita	(3) ki korā
(1) Kei te haere mai	(1) tāu pukapuka	
(1) Kei te haere atu		

1 ....
....
....

2 ....
....
....

3 ....
....
....

4 ....
....
....

5 ....
  ....
  ....

6 ....
  ....
  ....

7 ....
  ....
  ....

8 ....
  ....
  ....

9 ....
  ....
  ....

10 ....
   ....
   ....

Whakatauanga Mahi 4

4.1 *He matapaki. Study the rārangi kōrero below. Make sure you fully understand each one. Then write a conversation in Māori along the lines suggested by the English "situation". Choose suitable sentences from the rārangi kōrero. There are more sentences provided than you will need.*

Rārangi kōrero	Situation
Kei te kimi māua i te hāte whero o Sean. Kāo. I konei. Kei te aha kōrua i nāianei? Te mea whero nā i konā, i muri i tōu waewae? Kei korā pea, kei roto i te kāpata kākahu? Kei te aha kōrua i konā? Aue! Kua taka ki te papa! I korā kē i mua! Ka kite koe i tōku hāte whero? Kei whea rā i nāianei? Kāore i konā i nāianei. I konei i mua i te kai.	*E kōrerorero ana a Sean rāua ko Tāne mō te hāte whero o Sean. Kua ngaro pea. Ka tae mai a Hēni, te tuahine o Sean. Ka pātai rāua i a ia mō te hāte whero o Sean.* 1 Sean asks Tāne if he can see his red shirt. 2 Sean adds that it was there by him before they had their meal. 3 Tāne says that it isn't there now. 4 He asks if it's over the other side of the room in the wardrobe. 5 Sean says no and repeats that it was there by him. 6 He asks again (in frustration) where it is. 7 Hēni (who has come into the room) asks them what they are doing. 8 Tāne says that they are looking for Sean's red shirt. 9 Hēni asks Tāne if he's talking about the red thing behind his foot. 10 Tāne says in surprise that it must have fallen to the floor.

1 Ko Sean: ....

2 ....

3 Ko Tāne: ....

4 ....

5 Ko Sean: ....

6 ....

(Kua kuhu mai te tuahine o Sean, ko Hēni, ki roto i te rūma.)

7 Ko Hēni: ....

8 Ko Tāne: ....

9 Ko Hēni: ....

10 Ko Tāne: ....

4.2 He whakautu pātai. *Answer the questions below by saying in Māori where the person was at the time specified. Use the picture above each sentence to help you. Write the answer in full in the space provided.*

Tauira

I hea a Haeata i te Rāhoroi?

I te moana ia i te Rāhoroi.

....

1 I hea rāua i te Mane?

....
....
....

2 I hea rātou i te ata nei?

....
....
....

3 I hea te tuahine o Sean i nanahi?

....
....
....

4 I hea te tama i te whitu karaka i te ata?

....
....
....

5 I whea ngā mātua i te ahiahi nei?

....

....

....

6 I whea te whānau i te ata o te Rāhoroi?

....

....

....

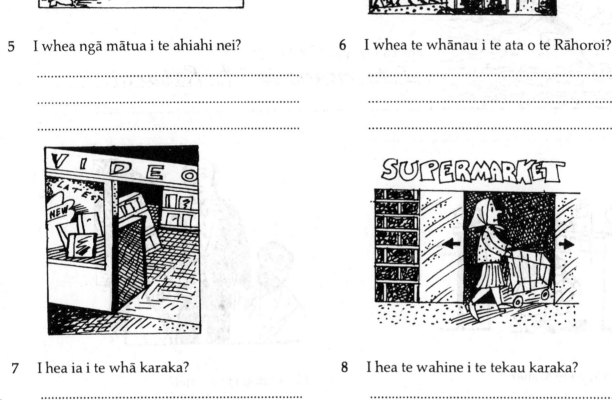

7 I hea ia i te whā karaka?

....

....

....

8 I hea te wahine i te tekau karaka?

....

....

....

4.3 *He tuhituhi rerenga kōrero.* Write two sentences about each of the following pictures. The first sentence should begin with *"kei"* and describe where the object or person is now. The second sentence should begin with *"i"* and describe where the object or person was. The arrow tells you where the person or object was before.

Tauira

Kei waho te pouaka i te kāpata.

I roto te pouaka i te kāpata.

....

1 ....
....
....
....

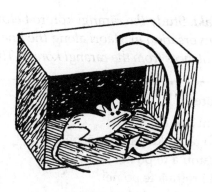

2 ....
....
....
....

3 ....
....
....
....

Shani

4 ....
....
....
....

5 ....
....
....
....

6 ....
....
....
....

Whakatauanga Mahi 5

5.1 **He matapaki.** *Study the rārangi kōrero below. Make sure you fully understand each one. Then write a conversation in Māori along the lines suggested by the English "situation". Choose suitable sentences from the rārangi kōrero. There are more sentences provided than you will need.*

Rārangi kōrero

Ka tae kē au ā te ahiahi.

Hei te hōro tātou katoa āpōpō, nē?

Hei reira tātou ā te pō nei.

Kāore au ki reira ā te pō nei.

Hei te kāinga rātou āpōpō.

Ki tō tātou marae.

Āe, hei reira koutou katoa.

Hei konei rā tātou katoa.

E moe ana ō tātou whanaunga ki hea?

Ka mahi kai tātou mā rātou.

Ka haere māua ko tōku matua kēkē ki te hopu tuna.

Engari, kāore au ki reira ā te ata.

Situation

E kōrerorero ana a Horiana rātou ko Hēmi ko Anaru mō te hui whānau āpōpō.

1   Hēmi checks out whether they are all supposed to be at the hall the following day.

2   Horiana replies that it is so.

3   She adds, however, that she won't be there in the morning.

4   She says that she will be there in the afternoon.

5   Anaru asks where their relations are sleeping that night.

6   Horiana replies saying they will be at the marae.

7   She says that everyone will be at the marae that evening.

8   She adds that they will be getting a meal ready for them (the visitors).

9   Anaru says he won't be there that evening.

10 He says that he and his uncle are going eeling.

1   Ko Hēmi: ....

2   Ko Horiana: ....

3   ....

4   ....

5   Ko Anaru: ....

6   Ko Horiana: ....

7   ....

8   ....

9   Ko Anaru: ....

10 ....

5.2 He whakaoti kōrero. *Complete the sentences below by saying you like five foods better than five others and five sports better than five other sports. Choose from the pictures below.*

Tauira

He pai atu ki a au *te kāpeti i te riki.*

1 He pai atu ki a au ....

2 He pai atu ki a au ....

3 He pai atu ki a au ....

4 He pai atu ki a au ....

5 He pai atu ki a au ....

6 He pai atu ki a au ....

7 He pai atu ki a au ....

8 He pai atu ki a au ....

9 He pai atu ki a au ....

10 He pai atu ki a au ....

5.3 He hanga kōrero. *Make up six sentences by combining phrases from columns 1, 2, and 3, and then writing them in the space provided. The number in brackets refers to the number of times each phrase should be used.*

1	2	3
(1) He kaha atu	(1) a Mere i a Hēni	(1) ki te oma
(2) He tere atu	(1) ia i a au	(3) ki te kai
(1) He pōturi atu	(1) te raiona i te arewhana	(1) ki te wareware
(1) He pai atu	(1) au i a ia	(2) ki te rere
(1) He kino atu	(1) te tama i tōna whaea	(3) ki te mahi
	(1) te waka rererangi i te manu	(1) ki te waiata

1 ....

2 ....

3 ....

4 ....

5 ....

6 ....

5.4 He whakaoti kōrero. *Complete the following by inserting either* **"taua** *"or* **"aua"***. Write the completed sentences in full in the space provided.*

1 Kei konā ngā rare. Hōmai tētahi o _____ rare.

....

2 Kei roto tōna kākahu i te kāpata. He kākāriki _____ kākahu.

....

3 Kua tae mai te rōpū. Tino nui _____ rōpū.

....

4 Titiro ki ēnā āporo. He whero tonu _____ āporo!

....

5 He pai ki a au te ako pūtaiao. He pai hoki _____ mahi ki tōku hoa.

....

Whakatauanga Mahi 6

He Panga Kupu

6.1 *He kupu whakawhitiwhiti.* Complete the crossword by providing the Māori words for the English clues. The words are all drawn from Te Wāhanga Tuatahi "Ō Mātou Whanaunga". Different dialect forms for some Māori words are also included.

Whakapae

5	widow, widower
7	relations (by blood)
8	to show
9	grandfather
10	surface
12	youngest brother, youngest sister
15	only, alone
17	nephew, niece
21	sister-in-law (of a man)
23	to marry
24	grandmother
25	confused
26	real, really
28	relation
29	single, not married
30	part, section

Whakararo

1	pig
2	lonely
3	that (already mentioned)
4	sheet of paper
6	to mention
7	mother-in-law, father-in-law
11	that's it! I agree!
12	eldest brother, eldest sister
13	difficult
14	tall (of people), long (of objects)
15	those (already mentioned)
16	brother-in-law (of a woman)
18	son-in-law, daughter-in-law
19	bear
20	complex
22	besides, apart from
26	district, area
27	descendant
28	happy

6.2 *He kimi kupu.* Find the Māori equivalent for each of the English words listed below the puzzle. All the Māori words have been used in Chapter One. Circle each word as you find it. They go in any direction, even backwards.

Kia mōhio ai koe: The Māori words do not have macrons in the puzzle.

```
W G N T P A A N F L A I A G N U A N A H W E K A N A W
H P I G K O B A U N A T U Z I K E N A T U A N M B F H
A P R A K C C R E W I A H A R S A A M O O O O U I A A
K P O U A R U R A M K O A G X O T R G O K V H W Z M K
A P O X F T A H H N O K K N J Y R M A N K U Z I P I A
P Z A P U M A W L W T E A U A M A O I N O E S X O I A
A J K T A K T Q N D O T H T W K L N E B G A M B W H T
P A K A U A E M U A P E W U I C R A N G B A N O F C U
A N I O K H I R A M U T U M K Y H Z O P E A K U K D R
K A U A E R A R O T B G A A A Q Z U K E W M M K H E A
I T O P E T O U S F U K Y K T S X C N K Q W Y V Z Y N
A M A T A P A A N O I G O A H J B J O G H G U G D U G
U O C E X W O K P G F Z X H S X S R A A A R H U R K A
I D L X V Z S U A O A D P W D D A H K U A R A L T I S
V V L J I M E P A K H I N I T A T A M R A U E L X H A
A U W A H I N E U P A E C B X U A U O U A T J I H A D
H U A N G A Z Q B V Q U H S J T R P V M J Z T B O I V
I K T A P W A H A N G A I E U I E X R L X Y K D E Z X
```

besides
brain
brother-in-law (of a man)
brother-in-law (of a woman)
cardboard
complex
confused
daugter-in-law
descendant
difficult
district, area
Dunedin
eldest brother, eldest sister
family tree
grandfather
happy, glad
horse
is here
is over there
is there (by you)
kahawai *(fish)*
last
lonely, alone
monkey
mother/father-in-law

nephew, niece
not *(past tense)*
only
part, section, chapter
perhaps
pig
real, genuine
relation
relation *(by blood)*
relations *(by blood)*
single, not married
sister-in-law (of a man)
surface
television programme
that *(already mentioned)*
that's it! I agree!
think (mistakenly)
to ask
to draw, print
to marry, get married
to say, mention
to show
widow, widower
youngest brother, youngest sister

6.3 He panga kupu. *Solve the following acrostic puzzles. They use Māori words taken from Chapter One. Firstly, in the spaces provided, write down the Māori words for the English clues. When you have finished that, look at the first letter of each of the Māori words. Reading down, another Māori word should be formed. Write down that word beside "Kupu Māori". Beside the word "Tikanga", write down its English equivalent.*

1 girl ....

2 only ....

3 descendant ....

4 morning...

5 to climb, get into ....

6 surface ....

7 to ask...

8 path ....

Kupu Māori ....

Tikanga...

1 afternoon ....

2 difficult ....

3 single, not married ....

4 to assist ....

5 quite ....

6 Mum! ....

Kupu Māori ....

Tikanga...

Whakatauanga Mahi 7

Ngā Kupu

7.1 **He mahi whakamāori.** *The English words listed below are translations of Māori words used in Te Wāhanga Tuarua "Tōku Kura". Write the Māori words for them in the spaces alongside. In some cases the same Māori word may be used twice.*

Kupu mātauranga

seventh form ....

geography ....

calculus ....

study time ....

accounting ....

degree *(qualification)* ....

lesson ....

biology ....

pharmacy *(the subject)* ....

art ....

mathematics ....

physics ....

subject *(school)* ....

chemistry ....

history ....

physical education ....

timetable ....

university ....

Kupu āhua

unique ....

very, the best ....

difficult ....

fortunate, fortunately ....

free ....

knowledgeable (about) ....

easy ....

open mouthed ....

thirsty ....

different ....

hardworking, energetic ....

famous ....

different ....

real, genuine ....

used to, accustomed to ....

astonished ....

Kupumahi

to read ....

to stroll, wander ....

to approach ....

to have lunch, eat lunch ....

to tell fibs, lie ....

to follow (a course of study), take (a subject) ...

....

to remember ....

to steal ....

to be fruitful, be beneficial ....

to snatch, grab ....

to stretch out, extend ....

to pass, go on one side of ....

Kupu ingoa

can ....

dinosaur ....

Wednesday ....

chemist, pharmacist ....

bell ....

young *(of animals)* ....

week ....

chips *(potato)* ....

youth, teenager ....

Friday ....

Monday ....

flower ....

Thursday ....

cafeteria ....

Tuesday ....

kitten ....

packet ....

forest ....

computer monitor, screen ....

puppy ....

Ētahi atu kupu

only ....

overseas ....

because ....

former ....

from below, upwards ....

it serves you/him/her right ....

according to him/her ....

as far as I know ....

7.2 He tā wātaka *(drawing a timetable). Draw up a copy of your weekly timetable in the space below. Make sure the days and the subjects are written in Māori.*

7.3 *He hanga rerenga kōrero. Make 10 different sensible sentences from the table by combining a phrase from column 1 and a phrase from column 2 and writing the completed sentences in the spaces provided. The sentences should be arranged in time sequence - the most distant in time first to the most recent in time last. You may need to look again at* **Te Whakamārama 2.1** *on page 50 of Te Awa Rere before you do this exercise.*

1	2
I tērā marama	ka tae mai ōna tūpuna ki Aotearoa ki te noho
I nanahi	ka tīmata ia ki te whai i tōna tohu mātauranga
I tērā rautau	ka haere ia ki tāwāhi ki te noho
I tērā atu wiki	ka tūtaki rāua i tōku hoa
I namata	ka neke atu a Ngāi Tahu ki Te Wai Pounamu ki te noho
I tērā atu tau	ka haere te whānau ki te tāone
I tahirā	ka noho ō tātou tūpuna Māori i Hawaiki
I neherā	ka tino kino te huarere
I tērā wiki	ka mutu ngā hararei kura
I tērā tau	ka mārena tōku tuahine

1 ....

....

2 ....

....

3 ....

....

4 ....

....

5 ....

....

6 ....

....

7 ....

....

8 ....

....

9 ....

....

10 ....

....

Whakatauanga Mahi 8

8.1 *He hanga rerenga kōrero.* Make 10 different sensible sentences from the table by combining a phrase from column 1 and a phrase from column 2 and writing the completed sentences in the spaces provided. The sentences should be arranged in time sequence - the most recent in time first to the most distant in time last. You may need to look at **Te Whakamārama 2.1** on page 50 of Te Awa Rere before you do this exercise.

1	2
I tae mai ōna tūpuna ki Aotearoa ki te noho	i tērā marama
I tīmata ia ki te whai i tōna tohu mātauranga	i nanahi
I haere ia ki tāwāhi ki te noho	i tērā rautau
I tūtaki rāua i tōku hoa	i tērā atu wiki
I neke atu a Ngāi Tahu ki te Waipounamu ki te noho	i namata
I haere te whānau ki te tāone	i tērā atu tau
I noho ō tātou tūpuna Māori i Hawaiki	i tahirā
I tino kino te huarere	i neherā
I mutu ngā hararei kura	i tērā wiki
I mārena tōku tuahine	i tērā tau

1 ....
....

2 ....
....

3 ....
....

4 ....
....

5 ....
....

6 ....
....

7 ....
....

8 ....
....

9 ....
....

10 ....
....

8.2 He whakautu pātai. *Study the example and answer the questions below by saying what you did at the time referred to in the question. If you can't remember, make up an action. You may need to look again at* **Te Whakamārama 2.2** *on page 52 of Te Awa Rere before you do this exercise.*

> *Tauira*
>
> I te tau kua hipa ka aha koe?
>
> *I te tau kua hipa ka haere au ki Ōtautahi.*
>
> I aha koe i te marama kua taha ake nei?
>
> *I āwhina au i tōku hoa i te marama kua taha ake nei.*

1 I te Rātapu kua hipa atu ka aha koe?

....

....

2 I te wiki kua taha ake nei ka aha koe?

....

....

3 I te mutunga o te marama kua pahure ake nei ka aha koe?

....

....

4 I aha koe i te Mane kua taha ake?

....

....

5 I aha koe i te Wenerei?

....

....

8.3 He hanga rerenga kōrero. *Study the two examples, then complete the following sentences by adding a verb phrase beginning with* **"ka"**, *telling what you might be doing at that point in the future.*

> *Tauira*
>
> Hei tērā rautau ka …
>
> *Hei tērā rautau ka noho tonu au i konei.*
>
> Āpōpō ka …
>
> *Āpōpō ka mahi au i roto i te māra.*

1 Hei tērā marama ka …

....

....

2   Hei tērā wiki ka …

....

....

3   Hei te Rāhoroi e heke mai nei ka …

....

....

4   Hei te Rāpare e tū mai nei ka …

....

....

5   Ā tahirā ka …

....

....

6   Ā te ata āpōpō ka …

....

....

7   Ā te Rāmere kei te heke mai ka …

....

....

8   Ā tēnei ahiahi ka ....

....

....

Whakatauanga Mahi 9

9.1 **He rapu kōrero whakaūpoko.** *Select an appropriate caption for each of the pictures from the rārangi kōrero below. Write the caption in the space provided below each picture. You may need to look again at* **Te Whakamārama 2.5** *on page 57 of Te Awa Rere before you do this exercise.*

Rārangi kōrero

Ehara tēnei momo hua whenua i te kāpeti. He rētihi kē.

Ehara te motokā i te paru. He kanapa kē.

Ehara ia i te mahana. He makariri kē.

Ehara tēnei i te kaumanga. He oko horoi kē.

Ehara te hākinakina nei i te retihuka. He retireti ā-papawira kē.

Ehara tēnei tākaro i te poirewa. He tēnehi kē.

Ehara ēnei pereti i te mā. He tino paru kē.

Ehara te rangi nei i te paki. He kino kē.

Ehara tēnei i te pūrere ataata. He ngaruiti kē.

Ehara tēnei i te rīpene puoro. He rīpene ataata kē.

1 ....

....

....

....

2 ....

....

....

....

3 ....

....

....

....

4 ....

....

....

....

5 ....
....
....
....

6 ....
....
....
....

7 ....
....
....
....

8 ....
....
....
....

9 ....
....
....
....

10 ....
....
....
....

9.2 **He tuhituhi anō.** *Study the two examples, then rewrite the following "ko" sentences in the negative form. You may need to look again at* **Te Whakamārama 2.7** *on page 61 of Te Awa Rere before you do this exercise. Remember that "ko" before a person's name will change to "a" in a sentence beginning with "Ehara".*

Tauira

Ko Kimiora ia.

Ehara ia i a Kimiora.

Ko tēnei te rīpene puoro a Rōpata.

Ehara tēnei i te rīpene puoro a Rōpata.

---

1   Ko Sean tērā tamaiti teitei.

....

2   Ko Katrina tōna teina.

....

3   Ko Rewi te pōtiki o te whānau.

....

4   Ko Mereana rāua ko Kiri ērā kōtiro tokorua.

....

5   Ko Terry rāua ko Susan ōna mātua.

....

6   Ko ngā kākaku mā o ngā tama ērā kākahu.

....

7   Ko ngā hoa o tōku tuahine rāua.

....

8   Ko ngā tamariki a tōku tuakana ērā.

....

9   Ko ngā hua rākau a tōku whaea aua hua.

....

10 Ko te pēke a Horiana tēnā pēke.

....

9.3 He whakautu pātai. *Study the examples, then answer the questions below by using the correct form of "mā". Use the pronoun in the brackets at the right to help you. You may also need to look again at* **Te Whakamārama 2.8** *and* **Te Whakamārama 2.9** *on pages 64—67 of Te Awa Rere.*

> Tauira
>
> Mā wai te rīpene puoro? (koe)
>
> *Māu te rīpene puoro.*
>
> Mā wai ēnei pēke? (rāua)
>
> *Mā rāua ēnei pēke.*

1   Mā wai te mahi kai? (ia)

....

2   Mā wai tēnā pēke kai? (rātou)

....

3   Mā wai te punua kurī? (koe)

....

4   Mā wai te ika kei roto i te pouaka whakamātao? (tāua)

....

5   Mā wai te pouaka whakaata hou? (ia)

....

9.4 He whakautu pātai. *Study the examples, then answer the questions below by using the correct form of "mō". Use the pronoun in the brackets at the right to help you. You may also need to look again at* **Te Whakamārama 2.10** *on page 68 of Te Awa Rere.*

> Tauira
>
> Mō wai te tarau? (koe)
>
> *Mōu te tarau.*
>
> Mō wai te whare hou? (rāua)
>
> *Mō rāua te whare hou.*

1   Mō wai ēnā tōkena? (koe)

....

2   Mō wai tāu kōrero? (ia)

....

3   Mō wai te wai? (kōrua)

....

4   Mō wai ngā putiputi nā? (koe)

....

5   Mō wai ngā pahikara hou? (māua)

....

Whakatauanga Mahi 10

10.1 He matapaki. *Study the rārangi kōrero below. Make sure you fully understand each one. Then write a conversation in Māori along the lines suggested by the English "situation". Choose suitable sentences from the rārangi kōrero. There are more sentences provided than you will need.*

Rārangi kōrero	Situation
Ehara mōna.	*Kua hoki mai a Kimi rāua ko Mereana i te tāone. I reira rāua e hoko koha ana mō te Kirihimete. Kei te kāinga o Kimi rāua i nāianei. Kei te kōrerorero rāua mā wai aua koha.*
Āe, kei te maumahara au.	
Kāo. Ehara mā Te Pere.	
Mā wai tēnei?	
Mō tōku tuakana kē.	**1** Mereana asks whose is the present she is holding.
Ehara mā taua tangata.	
Mō wai te poraka?	**2** Kiri asks whether it is the video game.
Mā te tangata rā.	**3** Mereana says it is ands asks whether it is for Te Pere.
Te tākaro ataata nā?	
Mō rātou katoa.	**4** Kiri says it isn't.
Mā Chris kē.	**5** She says that it is for Chris.
Mōna kē.	**6** Mereana says she remembers now.
Āe. Mā Te Pere, nē?	**7** She then asks who the jersey is for.
Mō tōu teina?	**8** She asks if it is for Kiri's younger sister.
	9 Kiri says it is not for her.
	10 She says that it is for her older sister.

1 Ko Mereana: ....

2 Ko Kiri: ....

3 Ko Mereana: ....

4 Ko Kiri: ....

5 ....

6 Ko Mereana: ....

7 ....

8 ....

9 Ko Kiri: ....

10 ....

10.2 He kimi kōrero whakaūpoko. *Select an appropriate caption from the rārangi kōrero for each of the pictures following. Write the caption in the space below each picture.*

Rārangi kōrero	
Anei he inu waireka māu.	Hōmai māku he aihikirīmi.
Anei he kai mā tāua.	Kei te hoatu ia i te aihikirīmi māna.
Āe, he kapu tī māku.	Kei te tango ia i tētahi inu māna.
Hoatu he kai mā te kurī.	He kapu tī mā kōrua?

1 ....
....

2 ....
....

3 ....
....

4 ....
....

5 ....
....

6 ....
....

7 ....

8 ....

....

....

10.3 He whakaoti kōrero. Complete the sentences below each picture by inserting the correct form of the following: **nāku, nāu, nāna, nōku, nōu, nōna.** Write the complete sentence in the space provided. You may need to look again at **Te Whakamārama 2.16** on page 77 of Te Awa Rere before you do this exercise.

1 ____ te pēke.

....

....

2 ____ te hāte.

....

....

3 ____ te koti.

....

....

4 ____ te pouaka.

....

....

5 ____ te kaka.

....

....

6 ____ te rūri.

....

....

Whakatauanga Mahi 11

11.1 **He matapaki.** *Study the rārangi kōrero below. Make sure you fully understand each one. Then write a conversation in Māori along the lines suggested by the English "situation". Choose suitable sentences from the rārangi kōrero. There are more sentences provided than you will need.*

Rārangi kōrero	Situation
Ehara i a ia te pēke whero.	*E kōrerorero ana a Mereana rāua ko Kiri i ētahi mea i waihotia i te whare o Kiri. I reira ētahi o ō rāua hoa e moe ana i te pō kua taha ake.*
Kua tango ia i tāna pēke i te ata nei.	
I a au i te ata nei.	1 Mereana asks who the red bag belongs to.
Nā wai te pēke whero nei?	2 Kiri thinks it belongs to Patricia.
Kāore au i te mōhio nōu kē.	3 She adds that Patricia had it last night.
Ka hoko au hei te wiki e tū mai ana.	4 Mereana says the red bag is not Patricia's.
Ehara i a ia. Nōku kē.	5 She adds that hers is the black one.
Nā Patricia, nē rā?	6 She says that Patricia took it with her this morning.
I hoko au i tērā wiki.	7 Kiri asks if the green jacket belongs to Kirsten.
I a ia i napō nei.	
Nāna te pēke pango.	8 Mereana says that it's not Kirsten's but hers.
Nō Kirsten te koti kākāriki?	9 She adds that she bought it the previous week.
	10 Kiri says she didn't realise that it belonged to Mereana.

1 Ko Mereana: ....

2 Ko Kiri: ....

3 ....

4 Ko Mereana: ....

5 ....

6 ....

7 Ko Kiri: ....

8 Ko Mereana: ....

9 ....

10 Ko Kiri: ....

11.2 Whakakāhoretia ēnei kōrero. *Study the examples, then write the negative form of each of the sentences in the spaces provided.*

Tauira

Nā te tokorua te punua ngeru.

Ehara i te tokorua te punua ngeru.

Nāu tēnei mea.

Ehara i a koe tēnei mea.

Nōna tērā whare.

Ehara i a ia tērā whare.

Nō te kōhanga reo te waka kawe tangata.

Ehara i te kōhanga reo te waka kawe tangata.

---

1   Nōku te whenua rā.

   ....

2   Nō Terry ēnei kākahu.

   ....

3   Nōu tēnā pahikara.

   ....

4   Nā rātou ēnei tuna.

   ....

5   Nōna tēnā kākahu kaukau.

   ....

6   Nā kōrua ērā rīpene puoro.

   ....

7   Nā te marae ēnei taonga kai.

   ....

8   Nā Mereana rāua ko Kiri ngā wātaka nei.

   ....

11.3 He hanga kōrero. *Make up eight sentences by combining items from columns 1 and 2, and then writing them in the spaces provided. The number in brackets refers to the number of times each phrase should be used.*

1	2
(2) He nui ake	(1) te maunga i te puke
(2) He iti iho	(1) te puke i te maunga
(2) He teitei ake	(1) te raiona i te arewhana
(2) He poto iho	(1) te arewhana i te raiona
	(1) te pahi i te motokā
	(1) te motokā i te pahi
	(1) te matua i tāna tamāhine
	(1) te tamāhine i tōna matua

1 ....

2 ....

3 ....

4 ....

5 ....

6 ....

7 ....

8 ....

Whakatauanga Mahi 12

He Panga Kupu

12.1 He kupu whakawhitiwhiti. Complete the crossword by providing the Māori words for the English clues. The words are all drawn from Chapter Two "Tōku Kura". Different dialect forms for some Māori words are also included.

Whakapae

2	to approach
7	biology
8	packet
9	blind
11	forest
12	to take, to study *(a subject)*
14	chemistry
15	to choose
19	to steal
20	be knowledgeable about
21	it serves him/her/you right
24	Friday
26	monitor *(computer)*
27	however, but
29	to remember
30	can
31	to pass, go on one side of

Whakararo

1	hardworking, industrious, diligent
2	lesson
3	despite, although
4	unique
5	physics
6	favourite
10	bell
13	to stretch out, extend
16	to stroll
17	open mouthed
18	thirsty
19	youth, teenager
20	subject
22	art
23	different
25	science
27	thirsty
28	Wednesday

12.2 He kimi kupu. *Find the Māori equivalent for each of the English words listed below the puzzle. All the Māori words have been used in Chapter Two. Circle each word as you find it. They go in any direction, even backwards.*

Kia mōhio ai koe: *The Māori words do not have macrons in the puzzle.*

```
C A F X W A D P H W K H R O N G O N U I U I R R W T F
P B R A K Z X E D K I E J J P H T J W O P A P Y U J G
J S T A E I R H H A E R K Z Y U A I D I H E E A L L O
F E T T H E H C I I T F J E M J K I T I K U R R A T U
A A H I E E P N N T E I S E R I V I N A W A E E C Q X
W M O R T J U A M O K P K F A E T A P A G A W J M W B
U E E E U L F A A A A E O K V R R O K N M C I A T. A G
H A O F Z F U Q C N P P E G R U A B A O V A E A U I R
H K T V K M Q V E E M E A X T H T P A E O A N H A M A
U A U A A H U P U N G A O M R A X I A H P H P A N A T
T I A H M H T I J J X I U M A A A I Y R R E I K A R A
A D A M T H O T H P O I I A E T A H A T E R U E K I T
M R T W A O I P V A A S K W U W I P U T A E H N I E A
A G I C E M R B H K M O Z P K Z O A A K N H A E O C K
O Z N L V T T O I J I U P U T I P U T I G A P O I Z A
Z S O A O K A H A O W M K K M A R A U F A G U X P Z H
K W H A I N A M R N I N D U E A H A T D A N R Q I A W
Y Y J E B W N A H M P O W G P G B A U A U W T A S M K
```

art	fortunately	to remember
astonished	free	to steal
bell	Friday	to stretch out, extend
biology	hardworking	to stroll
blind	however	to study, take *(a subject)*
cafeteria	is/are not	to tell fibs, tell lies
calculus	it serves him/her/you right	Tuesday
can	knowledgeable about	unique
chemistry	mathematics	used to
Chinese	Monday	Wednesday
chips	monitor *(computer)*	week
despite	own	youth, teenager
different	packet	
difficult	physics	
down towards speaker	science	
easy	subject	
famous	thirsty (2)	
favourite	Thursday	
flower	timetable	
forest	to approach	
form *(class level)*	to pass by	

12.3 He panga kupu. *Solve the following acrostic puzzles. They use Māori words taken from Chapter Two. Firstly, in the spaces provided, write down the Māori words for the English clues. When you have finished that, look at the first letter of each of the Māori words. Reading down, another Māori word should be formed. Write down that word beside "Kupu Māori". Beside the word "Tikanga", write down its English equivalent.*

1 to fly ....

2 descendant ....

3 to put *(into an enclosed space)* ....

4 those *(already mentioned)* ....

5 December ....

6 to enter ....

Kupu Māori ....

Tikanga ....

1 to clap ....

2 head ....

3 still ....

4 there (it) is ....

5 container ....

6 to be interested in ....

7 weeds...

Kupu Māori ....

Tikanga ....

Whakatauanga Mahi 13

Ngā Kupu

13.1 He mahi whakamāori. The English words listed below are translations of Māori words used in Te Wāhanga Tuatoru "Tōku Tūrangawaewae". Write the Māori words for them in the spaces alongside.

Kupu āhua

proud of ....

own ....

worn out ....

just like ....

treasured, prized ....

broken down ....

coalition ....

Kupumahi

to enter ....

to leave (behind) ....

to leave (it) for ....

to repair, fix up ....

to decide ....

to get a job, be employed ....

to ask (a series of) questions ....

to score (a try) ....

to attend, go to ....

to utter, disclose, say ....

to discuss, consult ....

to treat with care, look after ....

Kupu ingoa

grandmother ....

unveiling ....

electrical goods store ....

home (standing place for the feet) ....

Member of Parliament ....

video camera ....

public relations officer ....

....

connection, link ....

handheld electronic game ....

....

felt tip pen ....

position, job ....

company *(business)* ....

topic ....

satellite ....

right ....

Lower Hutt ....

matter, issue ....

fifth form ....

museum ....

seventh form ....

marriage ....

South Africa ....

walkman ....

birth ....

grandfather ....

Ētahi atu kupu

which? *(plural)* ....

you're right, you're correct ....

perhaps ....

which? *(singular)* ....

... is neat, ... is really good ....

....

ago ....

that is, I should say ....

has / have just ....

this is ....

according to what I've heard ....

....

13.2 He hanga rerenga kōrero. *Write a sentence to describe each of the pictures below by combining phrases from columns 1, 2, and 3. The number in brackets at the right indicates how many times each phrase or word should be used. Write the completed sentence in the space provided. You may need to look again at* **Te Whakamārama 3.1** *on page 92 of Te Awa Rere before you do this exercise.*

1	2	3
E mahi ana (1)	ngā kōtiro (2)	tokomaha (1)
E kōrerorero ana (2)	ngā tāne (1)	tokowaru (2)
Kei te hīkoi (2)	ngā hōia (1)	tekau (1)
E ako ana (1)	ngā tāngata (4)	tokowhitu (1)
Kei te noho (1)		tokowhā (2)
Kei te kōrero (1)		tokorua (1)

1 ....

....

2 ....

....

3 ....

....

4 ....

....

5 ....

6 ....

7 ....

8 ....

13.3 He whakaoti kōrero. *Complete the following sentences by writing out the number in brackets. Write the completed sentence in full in the space provided. Use the examples to help you. Remember that you can only use the prefix "toko- " when referring to people.*

Tauira

Whanaia atu te pōro ki ērā tamariki (4).

Whanaia atu te pōro ki ērā tamariki tokowhā.

I roto āna pukapuka (2) i te kāpata.

I roto āna pukapuka e rua i te kāpata.

---

1 I mahi ia i te taha o ōna tuākana (3) i tērā wiki.

....

2 Kāore anō rātou (5) kia mutu.

....

3 Anei kē ō koutou koti (4).

....

4   Kei whea ōna hāte (2)?

....

5   I nanahi ka haere ngā hoa (6) ki te tāone.

....

6   Nō wai ēnei poraka (3)?

....

7   Hei konei ōku hoa (3) āpōpō.

....

8   Kua mihi atu ia ki ngā kaitākaro (15) o te tīma whutupōro.

....

Whakatauanga Mahi 14

14.1 He whakaoti kōrero. Complete the sentences below each picture by filling in the missing words. Write the complete sentence in the space provided. Look at the example to help you. You may need to look again at **Te Whakamārama 3.2** *on page 93 of Te Awa Rere before you do this exercise.*

Tauira

Kei _____ _____ ia _____ _____ ana.

Kei te tēpu ia e kai ana.

....

1 Kei _____ _____ te _____ e _____ _____.

....

....

2 _____ _____ ia i _____ _____ e _____ ana.

....

....

3 _____ roto ia _____ _____ rūma _____ kākahu
e horoi _____ _____ .

....

....

....

4 _____ _____ rāua i te _____ _____ _____
_____.

....

....

....

50

5   _____ te _____ rāua _____ _____ _____ .

....

....

6   Kei _____ rātou _____ _____ _____ _____
    haere _____ .

....

....

7   Kei _____ te _____ _____ tōna _____ _____
    _____ _____ .

....

....

8   _____ roto rātou _____ _____ _____ e _____
    aihikirīmi _____ .

....

....

14.2   He whakautu pātai. Expand the words in brackets at the right of each question in order to answer the question. Use the example to help you. Write your complete answer in the space provided.

Tauira

Kei hea rātou e mahi ana? (roto/rātou/māra/mahi)

Kei roto rātou i te māra e mahi ana. ....

I hea tōku hoa i napō nei? (kāinga/ia/mātakitaki/pouaka whakaata)

I te kāinga ia e mātakitaki ana i te pouaka whakaata.

---

1   Kei hea tāna kurī? (roto/ngahere/ngaro)

....

2 Kei hea āna mea? (raro / moenga / takoto)

   ....

3 Kei whea ia e noho ana i nāianei? (Tāmaki-makau-rau / ia / noho)

   ....

4 Kei whea ngā kōtiro? (waho / rāua / āwhina / whaea)

   ....

5 I hea ōku hoa i tērā wiki? (Ōtautahi / rāua / hararei)

   ....

6 I hea rātou e tākaro poi tūkohu ana? (Te Oreore / rātou / tākaro / poi tūkohu)

   ....

7 I whea koe i nanahi? (kāinga / tōku hoa / au / kai)

   ....

8 I whea a Himiona i tērā Rāpare? (whare wānanga / ia / tuhituhi / āna mahi)

   ....

14.3 He rapu kōrero whakaūpoko. *Select an appropriate caption for each of the pictures from the rārangi kōrero below. Write the caption in the space provided below each picture. You may need to look again at* **Te Whakamārama 3.5** *on page 98 of Te Awa Rere before you do this exercise.*

Rārangi kōrero	
Kei te kōtiro te ngongowai.	Kei a rāua te horopuehu.
Kei a ia te kātene miraka.	Kei te kōtiro te moua.
Kei a ia te kī.	Kei a rāua te tēpu.
Kei te kaumātua te tokotoko.	Kei a Pera te tauera.
Kei a Conrad te rou mamao.	Kei a Tama te pokotaringa.

1 ....   2 ....

   ....

3 ....
....

4 ....
....

5 ....
....

6 ....
....

7 ....
....

8 ....
....

9 ....

....

10 ....

....

Whakatauanga Mahi 15

15.1 He whakautu pātai. *Answer the questions below the two pictures in the spaces provided. You may need to look again at* **Te Whakamārama 3.8** *on page 102 of Te Awa Rere before you do this exercise.*

1   Kei a wai te ngongowai?

....

2   Kei a wai ngā kākahu mākū?

....

3   Kei a wai te moua?

....

4   Kei a wai te puruma?

....

5   Kei a wai te tauera?

   ....

6   Kei a wai te puruma?

   ....

7   Kei a wai te pereti paru?

   ....

8   Kei a wai te pereti mā?

   ....

15.2 *He tuhituhi anō. Study the two examples, then rewrite the following "kei" sentences in the past. Use the time phrase in brackets when you rewrite the sentence in the past. You may need to look again at **Te Whakamārama 3.6** on page 100 of Te Awa Rere before you do this exercise.*

Tauira

Kei a Mereana tōku koti. (i tērā wiki)

   I a Mereana tōku koti i tērā wiki.

Kei tōku teina tōku hāte whutupōro. (i te Rāhoroi)

   I tōku teina tōku hāte whutupōro i te Rāhoroi.

---

1   Kei a ia tāku pukapuka hou. (i nanahi)

   ....

2   Kei a Pera tāu pokotaringa. (i napō)

   ....

3   Kei a rāua tōna motokā. (i tērā wiki)

   ....

4 Kei a au tāna pūrere ataata. (i te marama kua pahure ake nei)

....

5 Kei tōna hoa ā māua rīpene puoro. (i tahirā)

....

6 Kei te kaiwhakaako āku mahi. (i te ata nei)

....

7 Kei ngā tamariki ngā pōro e whā. (i te tekau karaka i te ata nei)

....

8 Kei a koe tāna pukapuka hou. (i tērā atu wiki)

....

15.3 *He tuhituhi anō. Study the two examples, then rewrite the following "kei" sentences in the future. Use the time phrase in brackets when you rewrite the sentence in the future. You may need to look again at* **Te Whakamārama 3.7** *on page 101 of Te Awa Rere before you do this exercise.*

> *Tauira*
>
> Kei a Mereana tōku koti. (ā tērā wiki)
> *Hei a Mereana tōku koti ā tērā wiki.*
>
> Kei tōku teina tōku hāte whutupōro. (ā te Rāhoroi)
> *Hei tōku teina tōku hāte whutupōro ā te Rāhoroi.*

1 Kei a ia tāku pukapuka hou. (āpōpō)

....

2 Kei a Pera tāu pokotaringa. (ā te pō e heke mai nei)

....

3 Kei a rāua tōna motokā. (ā tērā wiki)

....

4 Kei a au tāna pūrere ataata. (ā te marama kei te heke mai)

....

5 Kei tōna hoa ā māua rīpene puoro. (ā tahirā)

....

6 Kei te kaiwhakaako āku mahi. (ā te ata nei)

....

7 Kei ngā tamariki ngā pōro e whā. (ā te tekau karaka i te ata nei)

....

8 Kei a koe tāna pukapuka hou. (ā tērā atu wiki)

....

15.4 He tuhituhi anō. *Study the three examples, then rewrite the following sentences in their negative forms. You may need to look again at* **Te Whakamārama 3.9, 3.10** *, and* **3.11** *on pages 103—107 of* Te Awa Rere *before you do this exercise.*

Tauira

Kei a ia tāku pokotaringa.

Kāore i a ia tāku pokotaringa.

I te tama tāu peke i te Wenerei.

Kāore i te tama tāu peke i te Wenerei.

Hei a koe tāku mahi pūtaiao āpōpō.

Kāore ki a koe tāku mahi pūtaiao āpōpō.

---

1   Kei a rāua ā rāua pōro.

2   Kei a Rahera ā kōrua rīpene puoro.

3   Kei tērā tamaiti tāku tīkiti.

4   Kei ō hoa tokowhā tāku tākaro hiko.

5   I a rāua ā rāua pōro i nanahi.

6   I a Rahera ā kōrua rīpene puoro i tahirā.

7   I tērā tamaiti tāku tīkiti i te ata nei.

8   I ō hoa tokowhā tāku tākaro hiko i te wiki kua taha ake.

9   Hei a rāua ā rāua pōro āpōpō.

10   Hei a Rahera ā kōrua rīpene puoro ā tahirā.

11   Hei tērā tamaiti tāku tīkiti ā te ahiahi nei.

12   Hei ō hoa tokowhā tāku tākaro hiko ā te wiki e heke mai nei.

Whakatauanga Mahi 16

16.1 He whakautu pātai. *Study the example, then answer the questions under each picture. Use the words in brackets in your answers. Each answer is to start with* **mā**.*(Remember that* **mā** + **ia** *is written as* **māna**.*) You may need to refer to* **Te Whakamārama 3.12 —3.16** *on page 108—113 of Te Awa Rere before you do this exercise.*

Tauira

Mā wai e kai Makitānara? (ngā tama tokorua)

Mā ngā tama tokorua e kai Makitānara.

1   Mā wai e kuhu anō ki roto i te whare? (ia)

....

....

2   Mā wai ngā pereti paru e horoi? (rātou)

....

....

3   Mā wai pea e hinga? (te kōtiro)

....

....

4   Mā wai te pouaka whakaata e mātakitaki? (Sharlee)

....

....

5 Mā wai e tango te pukapuka? (ia)

....

....

6 Mā wai e rere atu ki Tāmaki-makau-rau?
   (te whānau)

....

....

7 Mā wai e whakamaroke ngā pereti mā?
   (Pera)

....

....

8 Mā wai e haere ki te papa tākaro mā runga
   pahikara? (te tokorua)

....

....

....

9 Mā wai e noho ki raro i te rākau? (ia)

....

....

10 Mā wai e hoko aihikirīmi? (rātou)

....

....

16.2 He kimi kōrero whakaūpoko. Select an appropriate caption from the rārangi kōrero for each of the pictures below. Write the caption in the space below each picture. You may need to look again at **Te Whakamārama 3.17** on page 115 of Te Awa Rere before you do this exercise.

Rārangi kōrero

Ehara mā Rewi e hoko kai. Mā te wahine kē.

Ehara mā Katrina ngā rīwai e waru. Mā Tārati kē.

Ehara mā te tama te puke e heke. Mā tētahi kōtiro kē.

Ehara mā ngā kōtiro e horoi ngā pereti paru. Mā ngā tama kē.

Ehara mā rāua e haere ki te tāone. Mā rātou kē.

Ehara māu te pene e whakahoki. Mā Tio kē.

Ehara mā ngā mātua e haere. Mā ā rāua tamariki kē e haere.

Ehara māku te pukapuka e whakahoki. Māna kē.

1 ....

....

....

2 ....

....

....

3 ....

....

....

4 ....

....

....

5 ....

6 ....

7 ....

8 ....

16.3 He matapaki. *Study the rārangi kōrero below. Make sure you fully understand each one. Then write a conversation in Māori along the lines suggested by the English "situation". Choose suitable sentences from the rārangi kōrero. There are more sentences provided than you will need.*

Rārangi kōrero	Situation
Kāo. Māku e whakamaroke.	*Kua mutu te kai. Kei te kōrerorero ngā tamariki tokotoru o te whānau Tamehana i ngā mahi mā rātou e mahi.*
Kāore au e pīrangi.	
Mā wai ngā pereti e horoi?	1 Anaru asks who will wash the dishes.
He horoi pereti tāku mahi i ngā wā katoa.	2 Pita says that he won't.
Māna ngā pereti paru e pūkei.	3 He says that Atawhai will.
Pita, māu e horoi i tēnei wā.	4 Atawhai says she won't wash, she'll dry.
Ehara māku.	5 Pita says he'll put away.
Anaru, māu pea e horoi, nē?	6 He suggests that Anaru washes.
Ehara māna e horoi.	7 Anaru says that he doesn't want to.
Kāti te tautohetohe!	8 He says he always washes.
Mā Atawhai pea.	9 Their mother, Te Rangimārie, who has come into the room, tells them to stop arguing.
Māku ngā pereti mā e whakahoki.	10 She says that Pita will wash this time.

1 Ko Anaru: ....

2 Ko Pita: ....

3 ....

4 Ko Atawhai: ....

5 Ko Pita: ....

6 ....

7 Ko Anaru: ....

8 ....

9 Ko Te Rangimārie: ....

10 ....

Whakatauanga Mahi 17

17.1 He kimi kōrero whakaūpoko. *Select an appropriate caption from the rārangi kōrero for each of the pictures below. Write the caption in the space below each picture. You may need to look again at* **Te Whakamārama 3.18** *on page 116 of Te Awa Rere before you do this exercise.*

Rārangi kōrero

Me titiro koe ki te tohu nā.

Me haere tāua ki te tāone.

Me haere kōrua ki te moe.

Me kai tāua i nāinaei, kei mātao.

Me noho koe ki konā.

Me mutu i nāianei, kei tūreiti.

Me haere koutou ki te moe.

Me eke ki raro, kei taka.

1 ....
....

2 ....
....

3 ....
....

4 ....
....

5 ....

....

6 ....

....

7 ....

....

8 ....

....

17.2 He hanga kōrero. *Study the examples, then write sentences using the skeleton outline below. Each sentence should start with* **kātahi anō**, *and* **ka** *should be inserted before the kupumahi (action word). You may need to look again at* **Te Whakamārama 3.20** *on page 120 of Te Awa Rere before you do this exercise.*

Tauira

tōku hoa / haere / Ōtepoti

Kātahi anō tōku hoa ka haere ki Ōtepoti.

te whānau / neke mai / Te Ūpoko o Te Ika / noho

Kātahi anō te whānau ka neke mai ki
Te Ūpoko o Te Ika ki te noho.

---

1 ia / tūtaki / tōku hoa

....

2   rāua / horopuehu / ō rāua rūma moe

....

....

3   ngā tīma / tīmata / tākaro

....

4   ngā hararei o te raumati / mutu

....

5   te whaea / whānau / tāna pēpi

....

6   ia / hoko / ōna kākahu hou

....

7   a Hūhana / kite / tāna rīpene / ngaro

....

8   rātou / rere atu / tāwāhi / mā runga waka rererangi

....

....

17.3 He hanga kōrero. *Complete the following sentences beginning with "**rite tonu**". Choose the name of someone you know or make up a fictitious person. Compare them to somebody or something. Look at pages 122 —126 of Te Awa Rere to help you get some ideas for the sentences.*

1   Rite tonu ....

2   Rite tonu ....

3   Rite tonu ....

4   Rite tonu ....

5   Rite tonu ....

6   Rite tonu ....

Whakatauanga Mahi 18

He Panga Kupu

18.1 He kupu whakawhitiwhiti. Complete the crossword by providing the Māori words for the English clues. The words are all drawn from Chapter Three "Tōku Tūrangawaewae". Different dialect forms for some Māori words are also included.

Whakapae

3 which *(singular)*
5 proud (of)
6 camera
7 treasured, prized, valuable
8 worn out
12 unity, coalition
14 to decide
15 to leave, leave behind
16 to repair, fix up
18 own
20 which *(plural)*
21 company
22 like, similar
23 public relations officer
24 to treat with care

Whakararo

1 marriage
2 broken
3 position, job
4 electric
7 matter, issue
9 connection
10 government
11 to organise
12 to utter, disclose, say
13 satellite
14 birth
17 form
19 to attend (on a regular basis)

18.2 He kimi kupu. *Find the Māori equivalent for each of the English words listed below the puzzle. All the Māori words have been used in Chapter Three. Circle each word as you find it. They go in any direction, even backwards.*

Kia mōhio ai koe: *The Māori words do not have macrons in the puzzle.*

```
I P K V A B C W I D T E W W B X H I A R X W E Y C Y I
E A Q C S L H G Q A K G H B H F I U N U A K A G N Z K
N K C M H A N A U V P D A J Y A O T V J T P L E Q W A
I A K Y K A M R X N P Y K N H N K C Y B W G T R B H U
O R L A R G I E Y A P E A C W H Y A P N X I V J R A P
K U P O N M T M T J E J T U O R K A H S K L V B E K A
D A I E A U A A W X K P A E E A G N E A W A K A T A K
I M H H X G P K H R A S U A W N B C N W E N H K C K A
A E L L N A N E I E T W T A I H T G Z L T R V N G O H
A N K O T J H F G G I E N R R P A Z S U D I E W P T W
P E N A A T A A T A A A A Y U A G N O A T W O H I A W
I O I A K E Y Q X T T T V S H I R C A R E G K S K H M
H X H K P F O C Y A O W U N A P H A K U J J O P G I T
K A M U P E N E N K A E H E T D Y J N L T A I B D T A
A D C Y E W K G O Y X X G Z G W C S I G P A M Z A A L
K M O U U E A P W H I W H I Z H F G K V I W N M W N E
A G N A T A N E R A M V I D H T U R A N G A A G V G C
T U R A N G A W A E W A E J B C W A D B J T E Z A A A
```

birth	to ask (a series of) questions
broken	to attend
camera	to decide
company	to get, acquire
connection	to leave (behind)
form	to look after
home (standing place for the feet)	to organise
list	to repair, fix
marriage	to utter, disclose, say
matter, issue	treasured, valuable
position, job	video
proud	walkman
public relations officer	which (*plural*)
(the) right	which (*singular*)
satellite	worn out
this is	

18.3 He panga kupu. *Solve the following acrostic puzzles. They use Māori words taken from Chapter Three. Firstly, in the spaces provided, write down the Māori words for the English clues. When you have finished that, look at the first letter of each of the Māori words. Reading down, another Māori word should be formed. Write down that word beside "Kupu Māori". Beside the word "Tikanga", write down its English equivalent.*

1 to attend ....

2 satellite ....

3 to enter ....

4 like, similar ....

5 yesterday ....

6 marriage ....

7 own ....

Kupu Māori ....

Tikanga ....

1 topic ....

2 afternoon ....

3 for you ....

4 descendant ....

5 score a try ....

6 to climb, go up ....

7 belonging to her ....

8 is/are not ....

Kupu Māori ....

Tikanga ....

Whakatauanga Mahi 19

Ngā Kupu

19.1 He mahi whakamāori. The English words listed below are translations of Māori words used in Te Wāhanga Tuawhā, "Te Hauora me te Tinana". Write the Māori words for them in the spaces alongside.

Kupu āhua

healthy ....

excited about ....

heavy ....

strong, committed to ....

dried *(of food)* ....

broken down ....

coalition ....

Kupu kai

hamburger ....

fat, oil ....

saturated fat ....

junk food ....

to smoke ....

take drugs ....

sodium ....

yoghurt ....

nut ....

cholestorol ....

pasta ....

pizza ....

grain ....

cereal ....

bean ....

alcohol ....

rice ....

chips ....

Kupumahi

to be keen on, be looking forward to ....

to need ....

to change ....

to say, tell ....

to hold on to, retain ....

to try, be persistent ....

to stay, remain ....

can, be able to ....

to have an opportunity to, be involved in ....

....

to exercise ....

to warm up, make warm ....

to explain ....

to cease, give up, finish *(something)*.................

....

to list ....

to discuss, exchange ideas ....

Kupu ingoa

elephant ....

regional/base hospital ....

vine ....

worker ....

heater ....

preschool language nest ....

thing ....

connection, link ....

type, kind, sort, species ....

teenager, teenage person ....

teenagers, teens ....

giraffe ....

Ētahi atu kupu

yes *(Whanganui/Taranaki)*...

as a, as ....

never mind! ....

each ....

you were able to ....

perhaps I can ....

I don't know ....

no doubt ....

is/are useless ....

don't be like that! ....

that's okay ....

keep to, stick to *(command)* ....

and laughed, laughing ....

well then! ....

19.2 He whakakī tēpu *(filling in a table). Write in Māori in the two columns below some of the food you usually eat. Choose 1 (the healthy box) or 2 (the less healthy box). You may need to look at the diagram on page 129 of Te Awa Rere to help you with some of the names.*

1 Āku kai hauora	2 Āku kai he iti iho te hauora

19.3 He hanga rerenga kōrero. *Write a sentence to describe each of the pictures below by combining phrases from columns 1, 2, and 3. The number in brackets at the right indicates how many times each phrase or word should be used. Write the completed sentence in the space provided. You may need to look again at* **Te Whakamārama 4.1** *on page 130 and* **Te Whakamārama 4.2** *on page 132 of Te Awa Rere before you do this exercise.*

1	2	3
He pahikara (1)	tā (2)	Hīroki (1)
He koti (1)	tō (3)	Kiri (1)
He pōro (1)	ā (3)	te tama (1)
He hāte (1)	ō (2)	ngā tama (1)
He taonga whakaata(1)		te whaea (1)
He motokā (2)		ngā mātua (1)
He pēke (3)		te rōpū (1)
		te rōpū manuhiri (1)
		te whānau (2)

1 ....
....

2 ....
....

3 ....
....

4 ....
....

5 ....

6 ....

7 ....

8 ....

9 ....

10 ....

Whakatauanga Mahi 20

*20.1 **He kimi kupu ngaro**. Use the two rārangi kupu to provide the missing words for the twelve sentences below. The missing words will correspond to the English in brackets at the right. You may need to revise your **a/o** categories first (page 131 of Te Awa Rere). Use the singular forms from the first rārangi for the sentences 1 - 6, and choose plural forms from the second rārangi for sentences 7 - 12. Write out the completed sentences in full. **Te Whakamārama 4.3** and **Te Whakamārama 4.4** on pages 135—137 of Te Awa Rere will provide you with additional help.*

Rārangi kupu					
tāku	tōku	tā tāua	tō tāua	tā tātou	tō tātou
tāu	tōu	tā māua	tō māua	tā mātou	tō mātou
tāna	tōna	tā kōrua	tō kōrua	tā koutou	tō koutou
		tā rāua	tō rāua	tā rātou	tō rātou

1 He tuahine _____ . (you *(one person)* have)

   ....

2 He mōkai _____ . (I have)

   ....

3 He rorohiko _____ _____ . (they *(two of them)* have)

   ....

4 He tuakana _____ . (he has)

   ....

5 He wai _____ _____ . (we *(they and I)* have)

   ....

6 He pūrere ataata _____ _____ . (you *(two)* have)

   ....

Rārangi kupu					
āku	ōku	ā tāua	ō tāua	ā tātou	ō tātou
āu	ōu	ā māua	ō māua	ā mātou	ō mātou
āna	ōna	ā kōrua	ō kōrua	ā koutou	ō koutou
		ā rāua	ō rāua	ā rātou	ō rātou

7 He tuākana _____ . (she has)

   ....

8 He tarau poto hou _____ _____. (they *(more than two)* have)

   ....

9 He pene hinu _____. (I have)

   ....

10 He makawe poto _____ _____ . (they *(two)* have)

   ....

11 He māra hua whenua _____ . (he has)

....

12 He mokopuna _____ _____ . (they *(two)* have)

....

20.2 *He whakautu pātai.* *Study the examples, and answer each of the following questions twice, both positively and negatively. Write both answers in the spaces provided. You may need to look at the question and answer table on page 140 of Te Awa Rere before you do this exercise, and at* **Te Whakamārama 4.6** *on page 139. Note that you must always use the plural* **ā/ō** *form in the negative.*

Tauira

He rīwai parai āu?

> Āe, he rīwai parai anō āku.
> Kāo, kāore āku rīwai parai.

He motokā hou tō rāua?

> Āe, he motokā hou tō rāua
> Kāo, kāore ō rāua motokā hou.

1 He kākahu hou ōu?

....

....

2 He whenua tō rātou?

....

....

3 He koti pango tōna?

....

....

4 He rīpene ataata ā koutou?

....

....

5 He tamariki ā rāua?

....

....

6 He irāmutu tāu?

....

....

7 He tungāne tō rāua?

....

....

8 He ngeru tā kōrua?

....

....

20.3 *He whakautu pātai. Study the model, then answer the questions below each picture. Use the words in brackets in your answers. Each answer is to start with* **nā.** *(Remember that* **nā** + **ia** *is written as* **nāna.**) *You may need to refer to* **Te Whakamārama 4.7—4.10** *on pages 141—145 of Te Awa Rere before you do this exercise.*

Tauira

Nā wai te puke i heke? (ia)

Nāna te puke i heke.

1 Nā wai i uru ki roto i te whare? (te kōtiro)

....

....

2 Nā wai i puta mai i te whare? (te tama)

....

....

3 Nā wai i tae mai mā runga waka rererangi? (Mākere)

....

....

4 Nā wai ngā kai i hoko? (ia)

....

....

5 Na wai i kai ngā kai i runga i te tēpu? (ngā tamariki)

....

....

6 Nā wai te pukapuka i whakahoki? (ia)

....

....

7 Nā wai i horoi ngā pereti? (Richard)

....

....

8 Nā wai i haere ki ngā kōtiro (ia)

....

....

Whakatauanga Mahi 21

*21.1 **He tuhituhi anō.** Look carefully at the examples and rewrite the following sentences in their negative form. You may need to look again at **Te Whakamārama 4.12** on page 148 of Te Awa Rere before you do this exercise. Remember that in this sentence pattern the negative forms of **nāku, nāu** and **nāna** are **ehara i a au, ehara i a koe** and **ehara i a ia** respectively.*

> *Tauira*
>
> Nā Meremere i āwhina tōu hoa.
>
> *Ehara i a Meremere i āwhina tōu hoa.*
>
> Nāna kōrua i whai.
>
> *Ehara i a ia kōrua i whai.*

1 Nā tērā tama au i whakahoki ki te kāinga.

....

2 Nāu ngā mōkai i whāngai i napō.

....

3 Nāku āu rīpene puoro i tango.

....

4 Nā rāua i hari mai te pouaka taumaha.

....

5 Nāna tōu poraka i kite.

....

6 Nā tōku hoa āku mea i waiho.

....

7 Nā mātou i whakapai ngā tēpu o te wharekai.

....

8 Nā rātou ēnei tuna i hopu.

....

9 Nā Māhaki mā ngā hua whenua i kai.

....

10 Nā Hera rāua ko Hēmi tāu waiata i waiata.

....

21.2 He matapaki. *Study the rārangi kōrero below. Make sure you fully understand each one. Then write a conversation in Māori along the lines suggested by the English "situation". Choose suitable sentences from the rārangi kōrero. There are more sentences provided than you will need.*

Rārangi kōrero	Situation
Kāore tātou i te pai ki te maumahara.	*Kei te kōrerorero te whānau Reremai i ngā hararei o tērā tau. Ka uaua ki a rātou te maumahara.*
Nāku tōku koti i waiho ki te kāinga.	
Nā rāua i noho ki te kāinga.	1 Mahaki says that she remembers.
Kei te maumahara au i nāianei.	2 She says that it was Tama who left his swimming togs at home.
Nāna kē, nā Hinerangi.	3 Tama says that he didn't.
Ehara i a au tōku kākahu kaukau i waiho.	4 He says that it was Hinerangi.
Āe, ka tika tēnā, e Tama.	5 He adds that he left his walk shoes behind.
Nāku kē i noho ki te kāinga.	6 Hinerangi says that was wrong.
Kāore tēnā i te tika.	7 She says that she left her coat at home.
E Tama, nāu i waiho tōu kākahu kaukau ki te kāinga, nē?	8 She adds she didn't leave her swimming togs behind.
Kāo. Ehara i a au.	9 Tama says that they are not good at remembering.
Nāku i waiho ōku hū hīkoi.	10 Mahaki agrees with Tama.

1 Ko Mahaki: ....

2 ....

3 Ko Tama: ....

4 ....

5 ....

6 Ko Hinerangi: ....

7 ....

8 ....

9 Ko Tama: ....

10 Ko Mahaki: ....

21.3 He kimi kōrero whakaūpoko. *Select an appropriate caption from the rārangi kōrero for each of the pictures on the next page. Write the caption in the space below each picture. You may need to look again at* **Te Whakamārama 4.13** *on page 149 of Te Awa Rere before you do this exercise.*

Rārangi kōrero

Hei heke iho te arawhata.

Hei kawe tangata ki tērā atu wāhi te waka rererangi.

Hei horoi waka te ngongowai me te pākete.

Hei horoi kākahu te rehu horoi.

Hei mātakitaki whakaaturanga te taonga whakaata.

Hei keri māra te paoka.

Hei tākaro ērā pōro.

Hei tunu kai te umu.

1 ....

....

2 ....

....

3 ....

....

4 ....

....

5 ....

....

6 ....

....

7 ....

....

8 ....

....

Whakatauanga Mahi 22

22.1 He hanga kōrero. *Make 10 sensible sentences in Maori by combining phrases from column 1 with a suitable ending to the sentence from column 2. Write the complete sentence in the space provided. You may need to look again at* **Te Whakamārama 4.14** *on page 152 of Te Awa Rere before you do this exercise.*

1	2
Anei te rehu horoi	hei whāngai i ngā mōkai
Mauria mai he tauera	hei heru i ōku makawe
Anā te naihi	hei horoi i ngā kākahu paru
Rapuhia he kai	hei whakawera i ngā kai
Anā te ngaruiti	hei kohi i ngā hua rākau kua taka
Kei te mahi kai rātou	hei whakamaroke i ngā pereti mākū
Kei hea he koma	hei mahi kapu tī
Pāeratia te wai	hei tapahi i tēnei mīti
Kei korā te tārawa	hei whāngai i ngā manuhiri
Haere ki raro i ērā rākau	hei pine i ngā kākahu mākū

1 ....

2 ....

3 ....

4 ....

5 ....

6 ....

7 ....

8 ....

9 ....

10 ....

22.2 He kimi kōrero whakaūpoko. *Select an appropriate caption from the rārangi kōrero for each of the pictures on the next pages. Write the caption in the space below each picture. You may need to look again at* **Te Whakamārama 4.15—4.18** *on pages 154 —160 of Te Awa Rere before you do this exercise.*

Rārangi kōrero

E kawea ana te kai e te kōtiro.
Kua kawea te kai e ia ki te tēpu.
Kei te haria te tūru e ia.
I pikia e rāua te maunga teitei.
I whakahokia te pukapuka e ia.

Kua pikia te rākau e ia.
Kua hekea te puke e rāua.
Kei te pikia te rākau e ia.
E hekea ana e rāua te puke.
I kainga ngā kai e rātou.

1 ....
....

2 ....
....

3 ....
....

4 ....
....

5 ....
....

6 ....
....

7 ....

8 ....

....

....

9 ....

10 ....

....

....

22.3 *He tuhituhi anō.* Study the examples, then rewrite each of the following active sentences into the passive form in the spaces provided. Note the alternative positions for the *"e"* phrase. You may need to look again at **Te Whakamārama 4.15—4.18** on pages 154—160 of *Te Awa Rere* before you do this exercise.

Tauira

Kei te whakatikatika rātou i ngā moenga.
Kei te whakatikatikatia ngā moenga e rātou.

E inu ana ia i te wai makariri.
E inumia ana e ia te wai makariri.

Kua tautoko te matua i tāna tamāhine.
Kua tautokona tāna tamāhine e te matua.

Ka whakaoti rāua i ā rāua mahi āpōpō.
Ka whakaotihia e rāua ā rāua mahi āpōpō.

I puru a Pita i ngā mea ki roto i te kāpata.
I purua ngā mea e Pita ki roto i te kāpata.

1   Kei te whakahaere tōku whaea i te hui.

   ....

2   Kei te kai rātou i ngā parehe.

   ....

3   E waiata ana te rōpū i tō rātou tino waiata.

   ....

4   E tohutohu ana te tohunga i āna ākonga.

   ....

5   Kua whātui ngā tamariki tokorua i ō rātou kākahu mā.

   ....

6   Kua tuhi ia i te reta ki tōna hoa wahine.

   ....

7   Ka kohete te whaea i āna tamariki āianei.

   ....

8   Ka ngaki māua i te māra rīwai ā tahirā.

   ....

9   I hoko atu te whānau i tō rātou kāinga i tērā tau.

   ....

10 I whakamārama mai ia i te mahi ki a au.

   ....

Whakatauanga Mahi 23

23.1 *He tuhituhi anō.* Study the examples, then rewrite each of the following passive sentences into the active form. You may need to look again at **Te Whakamārama 4.15—4.18** on pages 154 —160 of *Te Awa Rere* before you do this exercise.

Tauira

Kei te tahitahia te ara e Maata.

Kei te tahitahi a Maata i te ara.

E horoia ana ngā kākahu paru e rāua.

E horoi ana rāua i ngā kākahu paru.

Kua whāia ia e te kurī.

Kua whai te kurī i a ia.

Ka horoia te poti e te tokorua.

Ka horoi te tokorua i te poti.

I mahia e rātou ā rātou mahi.

I mahi rātou i ā rātou mahi.

---

1   Kei te whakarārangitia e te kaiwhakaako ngā kupu hou.

   ....

2   Kei te taurimatia tāna mokopuna e ia.

   ....

3   E pūkeitia ana e ia ngā pereti paru.

   ....

4   E kimihia ana tāku peke ngaro e māua.

   ....

5   Kua kapohia te pōro e te tamaiti whakatoi.

   ....

6   Kua whakamaua e Mereana ōna kākahu kura.

   ....

7   Ka āwhinatia ōna tēina e ia.

   ....

8   Ka tīkina atu te nupepa e te kurī.

   ....

9   I utuhia ā mātou tīkiti e rāua.

   ....

10   I kimihia tāna tama e te whaea.

   ....

23.2 He tuhituhi anō. *Study the examples then rewrite each of the following passive sentences in its negative form. You may need to look again at* **Te Whakamārama 4.19** *on page 161 of Te Awa Rere before you do this exercise.*

Tauira

Kei te whāngaihia ngā manuhiri e te hunga kāinga.

Kāore i te whāngaihia ngā manuhiri e te hunga kāinga.

E mahia ana ngā mahi e māua ko tōku hoa.

Kāore e mahia ana ngā mahi e māua ko tōku hoa.

Kua kainga ngā āporo e ngā tamariki.

Kāore anō kia kainga ngā āporo e ngā tamariki.

Ka horopuehutia te whare e rāua āianei.

Kāore e horopuehutia te whare e rāua āianei.

I hokona mai tērā pūrere ataata e ia i tērā marama.

Kīhai (Kāore) i hokona mai tērā pūrere ataata e ia i tērā marama.

---

1 Kei te kōrerotia e te kaiwhakaako ngā kupu hou.

....

2 Kei te awhitia tāna mokopuna e ia.

....

3 E whakamaroke ana e ia ngā pereti paru.

....

4 E rapuhia ana tāna pēke ngaro e māua.

....

5 Kua kapohia te kēne waireka e te tamaiti whakatoi.

....

6 Kua whakamaua e rāua ō rāua kākahu moe.

....

7 Ka kimihia ōna tēina e Hera.

....

8 Ka tīkina atu te nupepa e ia ā te rima karaka.

....

9 I waruhia ngā kūmara e rāua.

....

10 I hokona e te whaea tēnā koti mā tāna tama.

....

23.3 He kimi kōrero whakaūpoko . *Select an appropriate caption from the rārangi kōrero for each of the pictures below. Write the caption in the space below each picture. You may need to look at* **Te Whakamārama 4.20—4.21** *on pages 162—165 of Te Awa Rere before you do this exercise.*

Rārangi kōrero

Kātahi ngā tamariki pai ko ērā ki te tākaro!

Kātahi te toa ko ia ki te piki maunga!

Kātahi te rā pai ko tēnei!

Kātahi te kararehe pai ko koe ki te whakarongo!

Kātahi ngā tāngata toa ki te piki maunga!

Kātahi ngā tama pai ko rāua ki te tākaro!

Kātahi te waka tere ko tēnei!

Kātahi ngā tama toa te tokorua ki te oma!

1 ....
....

2 ....
....

3 ....
....

4 ....
....

5 ....   6 ....

....

7 ....   8 ....

....

Whakatauanga Mahi 24

He Panga Kupu

24.1 He kupu whakawhitiwhiti. Complete the crossword by providing the Māori words for the English clues. The words are all drawn from Chapter Four "Te Hauora me te Tinana".

Whakapae

2	hay
4	to list
8	worker
9	oil, fat
10	hamburger
12	can, be able to
13	to remain, stay
14	thing
15	to change
16	pizza
17	fermented
20	to try, persist
21	rice
23	flour
24	sodium
26	body
27	cholestorol

Whakararo

1	to explain
2	to need
3	nut
4	to finish, to cease
5	elephant
6	yes *(Whanganui/Taranaki)*
7	junk *(food)*
8	saturated *(fat)*
9	health
11	type, species, kind
15	cigarette
16	grain
18	like that
19	heavy
20	to look forward to, be keen on
22	alcohol
25	excited about

24.2 He kimi kupu . *Find the Māori equivalent for each of the English words listed below the puzzle. All the Māori words have been used in Chapter Four. Circle each word as you find it. They go in any direction, even backwards.*

Kia mōhio ai koe: *The Māori words do not have macrons in the puzzle.*

```
H Q I P V B R R V N W R H E C W A K C M M K V P I Z V
A U N B K K A P R G A H Q I U Y M N I J S F I Z G U R
M E R H C E N O I A I V A N K N N V A C K A Z Q N Z Y
P I R I A A A G P K P S I K I A Y H M G T N A N A W E
H W T T H I H G Z A I H P J A T R R S U N N R E R I C
P A F I M T W A Y U R R P K Z M T E N J J U N M A J W
W M U N A G E F M N O R A Q O E U O T Q E Z F V R T D
Q T Y O H M R V R U S L Q M X O K T Q I H H V D A D N
W T X I R B A F P I A I O A A A N A U K W Y Q A K S M
Z V D D A A K T R Z T T W M O T O T O K A G N X A H M
O H O N O O A G I B I B T F K D I V C P R T Q M H H E
A I H A I H I B Y A N A T X J J L A C A I C O W W C E
F S X O X C M J J I T A N W Y S A J T R T M U K F C D
A K E P I M A H P A R A U R E H E H G E O R U X G F N
S U M H E I H W P O S G C S N B R S D H O Y G E V A I
K R C Q R L I U L E F T R L H E P S F E H G K F O S E
R A I H I Z H G W G Y E M H K S V O B Q E Y I D S X E
W H A K A M A R A M A C K Y L B L J M R J Y U B M E A
```

alcohol	saturated *(fat)*
be keen on, look forward to	sodium
can, be able to	teenagers, teens
cholestorol	thing
cigarette	to be excited about
elephant	to cease, to stop
giraffe	to change
grain	to explain
hamburger	to list
hay	to need
health	to say, tell
heavy	to stay, remain
junk *(food)*	to try
nut	type, species, kind
oil, fat	worker
pizza	yes *(Whanganui/Taranaki)*
rice	youth, teenager

24.3 He panga kupu. *Solve the following acrostic puzzles. They use Māori words taken from Chapter Four. Firstly, in the spaces provided, write down the Māori words for the English clues. When you have finished that, look at the first letter of each of the Māori words. Reading down, another Māori word should be formed. Write down that word beside "Kupu Māori". Beside the word "Tikanga", write down its English equivalent.*

1 only, alone ....

2 brain...

3 is / are not ....

4 free, unoccupied ....

5 however ....

6 despite ....

7 bush, forest ....

8 unique ....

Kupu Māori ....

Tikanga ....

1 fortunately ....

2 brother-in-law

 (of a woman) ....

3 niece ....

4 widow ....

5 from above, downwards ....

6 famous..

7 to wake up ....

Kupu Māori ....

Tikanga ....

Whakatauanga Mahi 25

Ngā Kupu

25.1 He mahi whakamāori. The English words listed below are translations of Māori words used in Te Wāhanga Tuarima, "Te Noho i te Tāone". Write the Māori words for them in the spaces alongside.

Kupu ahua

dizzy, giddy ....

fairly, rather, somewhat ....

blind ....

open ....

slow, late ....

far, distant ....

tall, high ....

real, really, surely ....

closest, nearest ....

Kupumahi

to go (on ahead) ....

to tell jokes, tell stories ....

to pass by ....

to point to, point at, indicate ....

to flood ....

to name ....

to make laugh ....

to fill, fill up ....

to use up ....

to have, possess ....

to juggle ....

Kupu ingoa

Hong Kong ....

finger ....

smoke ....

country *(as opposed to the city)* ......

Pizza Hut ....

chilli ....

culture ....

road, path ....

bus route ....

end ....

Chinese restaurant ....

bus stop ....

tower ....

Sky Tower ....

life jacket ....

view ....

suburb ....

map ....

lift, elevator ....

sow, mother pig ....

hot bread shop ....

takeaways ....

South America ....

spade ....

entertainer ....

volcano ....

young *(of animals)* ....

piglet ....

lolly ....

taxi ....

goods ....

boat ....

beach ....

windsurfing ....

north ....

island ....

shovel ....

Ngā kīwaha

I won't be long ....

we're all in agreement with that!	as far as ....
worn out, exhausted	be about to, nearly, on the point of ....
really, exceptionally	along ....
Ētahi atu kupu	from ....
down, downwards	after a while ....
soon, too soon	perhaps we can ....
it was not long before	suddenly ....
that is, that's...	right now ....
last night...	

25.2 *He kimi kōrero whakaūpoko.* *Select an appropriate caption from the rārangi kōrero for each of the pictures below. Write the caption in the space below each picture. You may need to look again at* **Te Whakamārama 5.1** *on page 171 of Te Awa Rere before you do this exercise.*

> **Rārangi kōrero**
> Kua whai pūrere ataata koe.   Kua whai pouaka whakaata au.
> Kua whai kurī au.   Kua whai tohu te wahine.
> Kua whai pane rorohiko ia.   Kua whai pōtae te tangata.
> Kua whai kurī te tamaiti.   Kua whai ipu ia.

1 ....

2 ....

3 ....
....

4 ....
....

5 ....
....

6 ....
....

7 ....
....

8 ....
....

25.3 He whakaoti kōrero. *Study the example, then complete the sentences below each picture by filling in the missing words. Write the complete sentence in the space provided. You may need to look again at* **Te Whakamārama 5.3** *on page 174 of Te Awa Rere before you do this exercise.*

Tauira

E _____ mai ana te _____ _____ te _____ hokomaha.

E puta mai ana te wahine i te toa hokomaha.

1 Kei te _____ _____ i te _____.

....

....

2 _____ te _____ mai _____ tāne _____ te _____.

....

....

3 Ka _____ _____ i te _____ _____ te _____.

....

....

4 E _____ ana te _____ i te _____ pahi.

....

....

5 E _____ _____ ana _____ _____ te _____.

....

....

6 Kei te _____ te _____ i te _____ i _____ kaihoko _____.

....

....

7 Kei te _____ _____ rātou _____ _____ papa _____.

....

....

8 _____ _____ mai _____ _____ tokowhā _____ te _____.

....

....

9 E puta _____ ana _____ _____ te _____ kaukau.

....

....

10 Kei te _____ mai a _____ _____ te _____ rererangi.

....

....

....

Whakatauanga Mahi 26

26.1 He whakaoti kōrero. *Study the examples, then complete the sentences below. Make use of the words in brackets to the right in your answers. Write out the completed sentences in full. You may need to look again at* **Te Whakamārama 5.4** *and* **Te Whakamārama 5.5** *on pages 177 —179 of Te Awa Rere before you do this exercise.*

Tauira

Ka haere rāua mā raro ... (kāinga / whare pikitia)

Ka haere rāua mā raro mai i te kāinga tae atu ki te whare pikitia.

I noho te whānau i Ahitereiria ... (te tau 1995 / te tau 1997)

I noho te whānau i Ahitereiria mai i te tau 1995 tae noa ki te tau 1997.

---

1 Kua kawea e rātou te moenga hou ...(waho / roto i tōna rūma moe)

....

....

2 Kei te haere te pahi ... (konei / tāone)

....

....

3 I hīkoi te rōpū ... (Te Hāpua / Te Ūpoko o te Ika)

....

....

4 Ka haere atu tōku hoa ... (Aotearoa / Haina)

....

....

5 Ka mahi au ... (Mane / Paraire)

....

....

6 Ka āwhina au i a ia ... (tērā marama / te mutunga o te tau)

....

....

7 I moe te tāne ... (te rima karaka i nanahi / te tekau karaka i te ata nei)

....

....

8 E tākaro whutupōro ana au i nanahi ... (tekau karaka i te ata / te whā karaka i te ahiahi)

....

....

26.2 He hanga kōrero. *Make ten sensible "if" sentences by combining phrases from both columns. Write the completed sentence in the space provided.*

1	2
Ki te ua āpōpō,	kāore ia e haere ki te mahi.
Ki te paki te rā āpōpō,	me whāngai rātou e tātou.
Ki te āwhina koe i ō mātua,	māku ia e whai.
Ki te tae mai ngā manuhiri,	ka noho mātou ki te kāinga.
Ki te kite koe i a ia,	me whakarongo koe.
Ki te māuiui tonu ia āpōpō,	hoatu ki a ia taku aroha.
Ki te kai kōrua i ēnā kai,	ka haere mātou ki te moana.
Ki te hoki mai ia ā mua i te ahiahi,	waea mai ki a au.
Ki te wehe atu ia ā tahirā,	ka harikoa rāua.
Ki te kōrero ia ki a koe,	me horoi e kōrua ngā pereti paru.

1 ....

2 ....

3 ....

4 ....

5 ....

6 ....

7 ....

8 ....

9 ....

10 ....

26.3 He whakaoti kōrero. *Complete the following "ki te kore" sentences by adding the second part after the comma. Make sure your sentences make sense. Write out the complete sentence in full. Look at **Te Whakamārama 5.7** on page 181 of Te Awa Rere and the Hei Mahi on the following page to help give you some ideas on how to begin the second part. Remember that all these sentences are talking about the possibility of things not happening and the consequences of that.*

1 Ki te kore au e ngenge āpōpō, ...

....

2 Ki te kore te rā e paki ā te Rāhoroi, ...

....

3 Ki te kore e ua, ...

....

4 Ki te kore tōku hoa e tae mai, ...

....

5 Ki te kore au e āwhina i a ia, ...

....

6   Ki te kore te pahi e tae mai ki te tūnga pahi, ...

....

7   Ki te kore rāua e hoki mai, ...

....

8   Ki te kore au e haere ki te moe, ...

....

Whakatauanga Mahi 27

*27.1 **He matapaki.*** *Study the rārangi kōrero below. Make sure you fully understand each one. Then write a conversation in Māori along the lines suggested by the English "situation". Choose suitable sentences from the rārangi kōrero.*

Rārangi kōrero

Ki te kore te rā e pai, kaua tātou e noho ki konei.

Ki te kore e paki, me haere tonu ki te tāone.

Ki te paki te rā ā te Rāhoroi, ka aha tātou?

Ki te paki te rā, me haere ki te tāone.

Ki te ua ā te Rāhoroi, hei aha!

Ka haere tonu tātou ki te tāone.

Āe, kei te tautoko au i tēnā.

Ki te kore e paki, me noho ki konei.

Āe, kei te whakaae au ki tēnā.

Āe, ki te whiti te rā ā te Rāhoroi, ka haere tātou.

Situation

Kei te kōrerorero te whānau Teira i ngā mahi ka mahia pea e rātou ā te Rāhoroi kei te heke mai.

1 Mākere asks what they should do if it's fine on Saturday.
2 Noema suggests they go to town if it's fine.
3 She adds that if it's not fine, they should stay there.
4 Tio says they should go to town on Saturday if it's fine.
5 But if it's not fine he says not to stay there at home.
6 Mākere says she agrees with Tio.
7 She says that if it isn't fine, then they should still go to town.
8 Noema says that she supports that.
9 She says not to mind if it rains.
10 And says that they should still go.

1 Ko Mākere: ....

2 Ko Noema: ....

3 ....

4 Ko Tio: ....

5 ....

6 Ko Mākere: ....

7 ....

8 Ko Noema: ....

9 ....

10 ....

27.2 He whakautu pātai. *Study the examples, then answer each of the questions underneath the pictures. Use the pictures to help you answer the questions. Write the answers out in full in the spaces provided. You may need to look again at* **Te Whamaārama 5.8** *on page 183 of Te Awa Rere before you do this exercise.*

Tauira

I te aha rātou i te whitu karaka?

I te kai rātou i te whitu karaka.

I te aha te tokorua i te waru karaka?

I te horoi pereti te tokorua i te waru karaka.

1 I te aha ngā kōtiro tokotoru i te ata nei?

....

....

2 I te aha ngā tama i te tekau karaka?

....

....

3 I te aha te tama i mua i te kai?

....

....

4 I te aha ia i tērā pō?

....

....

5 I te aha te whanau i te ata o te Hātarei?

....

....

6 I te aha a Tio i te toru karaka?

....

....

7 I te aha te kaiwhakaako i te ono karaka?

....

....

8 I te aha a Anaru i te rima karaka?

....

....

9 I te aha te wahine i te toru karaka?

....

....

10 I te aha a Tārati i te whā karaka?

....

....

27.3 He tuhituhi anō. *Study the examples, then rewrite the following sentences in their negative form in the spaces provided. You may need to look at* **Te Whakamārama 5.10** *on page 187 of Te Awa Rere before you do this exercise.*

Tauira

Kei te hoko ia i ngā taonga kai mō te wiki.

Kāore ia i te hoko i ngā taonga kai mō te wiki.

I te noho rāua i Te Awakairangi i te tau kua hipa.

Kāore rāua i te noho i Te Awakairangi i te tau kua hipa.

---

1 Kei te whakamau kākahu ngā kōtiro.

....

2 Kei te tae atu ngā tamariki ki te kura mā runga pahi.

....

3 Kei te hokona e te wahine he kai hei whāngai i ōna manuhiri.

....

4 Kei te horoia ngā pereti paru e Justin.

....

5 Kei te tango a Mākere i te kai i roto i te ngaruiti.

....

6 I te hoki atu te wahine ki Whanganui mā Te Papaioea.

....

7 I te kai ngā tamariki i ngā kai i runga i ngā tēpu e rua.

....

8 I te waiata te rōpū kapa haka hei whakangahau i ngā manuhiri.

....

9 I te rere rātou ki Hongipua i tēnei wā i tērā wiki.

....

10 I te kaukau te whānau i te one i te ata nei.

....

Whakatauanga Mahi 28

28.1 *He kimi kōrero whakaūpoko.* Select an appropriate caption from the rārangi kōrero for each of the pictures below. Write the caption in the space below each picture. You may need to look at **Te Whakamārama 5.12** on page 189 of *Te Awa Rere* before you do this exercise.

Rārangi kōrero

Kua tata te ope manuhiri te eke ki runga i te marae.
Kua tata rātou te kai.
Kua tata ia te whakamaroke pereti.
Kua tata ia te puta atu ki waho.
Kua tata te kai te wera.
Kua tata te waka rererangi te tau mai.
Kua tata ia te taka.
Kua tata ia te kuhu atu.
Kua tata te pahi te haere.
Kua tata te ua te heke.

1 ....
....

2 ....
....

3 ....
....

4 ....
....

5 ....
....

6 ....
....

7 ....
....

8 ....
....

9 ....
....

10 ....
....

28.2 He tuhituhi anō. *Study the example, then rewrite the following active sentences in their passive form. Write the whole sentence in the space provided. All the sentences use kupumahi (verbs) that take **ki** before whoever or whatever is receiving the action. Note that the **ki** drops out in the passive form. You may need to look again at* **Te Whakamārama 5.14** *on page 193 of Te Awa Rere before you do this exercise. If you are not sure of the passive ending for the kupumahi, look at page 154 of Te Awa Rere.*

Tauira

Kei te titiro te tuakana o tōku hoa ki tōku tuahine.

Kei te tirohia tōku tuahine e te tuakana o tōku hoa.

---

1   Kua tatari ia ki te pahi.

   ....

2   I kata rātou ki te kaiwhakangahau.

   ....

3   Ka karanga atu te whaea ki āna tamariki.

   ....

4   E aroha ana ia ki tōna whānau.

   ....

5   Kei te pīrangi a Hinerangi ki te tākaro hiko nā.

   ....

6   I tae mātou ki te awa rā.

   ....

7   Kei te hiahia rāua ki te kōpaepae puoro o te kaiwaiata.

   ....

8   I te tatari ia ki tōna teina i nanahi.

   ....

28.3 He whakaoti kōrero. *Study the example, then complete the sentences under each picture by describing what the action was performed with. Write the complete sentence in the space provided. You may need to look again at* **Te Whakamārama 5.16** *on page 195 of Te Awa Rere before you do this exercise.*

Tauira

Kei te tuhia āna mahi _____ _____ _____ .

Kei te tuhia āna mahi ki te pene.

1   Kei te whakawhatahia ngā kākahu _____
_____ _____ .

....

....

2   Kei te keria te māra _____ _____ _____ .

....

....

3   Kei te tahia te ara _____ _____ _____ .

....

....

4   Kei te tapahia te pātītī _____ _____ _____ .

....

....

5   E horoia ana te waka _____ _____ _____ .

....

....

6   E tahia ana te whāriki _____ _____ _____ .

....

....

7   E kainga ana tāna kai _____ _____ _____ .

....

....

8   E tunua ana te kai _____ _____ _____ .

....

....

Whakatauanga Mahi 29

29.1 He tuhituhi anō. *Study the example, then rewrite each of the following active sentences into the passive form twice. The first time use **kē**, the second time use **tonu**. Both **kē** and **tonu** will take the passive ending, usually **-tia**, after a passive verb. You may need to look again at **Te Whakamārama 5.15** on page 194 of Te Awa Rere before you do this exercise. Note also that if you are using the forms **kētia** and **tonutia**, you have the option of dropping the passive ending off the verb — see **Te Whakamārama 5.18** on page 198 of Te Awa Rere.*

Tauira

Kei te hora a Mere i te whāriki tēpu.

Kei te horahia kētia te whāriki tēpu e Mere.

Kei te horahia tonutia te whāriki tēpu e Mere.

E rapu ana a Hōne i tōna hāte mā.

E rapuhia kētia ana tōna hāte mā e Hōne.

E rapuhia tonutia ana tōna hāte mā e Hōne.

---

1   Kei te tapahi rāua i ngā hua whenua.

....

....

2   E whāngai ana ia i tāna mōkai.

....

....

3   I te mahi rātou i ā rātou mahi.

....

....

4   E kimi ana māua i tāku peke ngaro.

....

....

5   Ka āwhina ia i ōna tēina.

....

....

6   Kua whakamau a Mereana i ōna kākahu kura.

....

....

7   Kei te manaaki ngā tamariki i ō rātou tūpuna.

....

....

8   Ka tautoko au i a koe.

   ....

   ....

29.2 He tuhituhi anō. *Study the example, then rewrite each of the following active sentences into the passive form twice. The first time use* **anō**, *the second time use* **hoki**. *Neither* **anō** *nor* **hoki** *can take a passive ending. You may need to look again at* **Te Whakamārama 5.19** *on page199 of Te Awa Rere before you do this exercise. Note also that with the* **e ... ana** *form,* **anō** *and* **hoki** *follow the* **ana**.

Tauira

Kei te hora a Mere i te whāriki tēpu.

Kei te horahia anō te whāriki tēpu e Mere.

Kei te horohia hoki te whāriki tēpu e Mere.

E rapu ana a Hōne i tōna hāte mā.

E rapuhia ana anō tōna hāte mā e Hōne.

E rapuhia ana hoki tōna hāte mā e Hōne.

---

1   Kei te tapahi rāua i ngā hua whenua.

   ....

   ....

2   E whāngai ana ia i tāna mōkai.

   ....

   ....

3   I te mahi rātou i ā rātou mahi.

   ....

   ....

4   E kimi ana māua i tāku peke ngaro.

   ....

   ....

5   Ka āwhina ia i ōna tēina.

   ....

   ....

6   Kua whakamau a Mereana i ōna kākahu kura.

   ....

   ....

7   Kei te manaaki ngā tamariki i ō rātou tūpuna.

....

....

8   Ka tautoko au i a koe.

....

....

29.3 He kimi kōrero whakaūpoko. *Select an appropriate caption from the rārangi kōrero for each of the pictures below. Write the caption in the space below each picture. You may need to look again at* **Te Whakamārama 5.20** *on page 200 of* Te Awa Rere *before you do this exercise.*

Rārangi kōrero

Ko te wahine te kaioma pai atu.

He tino ngenge rawa te kōtiro i waenganui.

Ko te kōtiro i waenganui te kōtiro tino teitei rawa.

Ko te wahine te kaioma pai rawa.

He ngenge atu te kōtiro kei te taha matau.

He tino mōmona rawa te tangata kei te taha māui.

Ko te kōtiro kei te taha matau te kōtiro teitei atu.

He tūai atu te tangata kei te taha matau.

1   ....

....

2   ....

....

3   ....

....

4   ....

....

5 ....
....

6 ....
....

7 ....
....

8 ....
....

Whakatauanga Mahi 30

He Panga Kupu

30.1 He kupu whakawhitiwhiti. Complete the crossword by providing the Māori words for the English clues. The words are all drawn from Chapter Five "Te Noho i te Tāone".

Whakapae

2 distant, far
4 culture
6 to use up, exhaust
9 down, downwards
12 end
13 north
15 last night
17 Hong Kong
20 spade
21 map
23 fairly, rather, somewhat
25 blind
27 lolly
30 windsurfing
32 high, tall
33 slow, late

Whakararo

1 to juggle
3 to fill (up)
5 goods
6 to make laugh
7 own
8 to go (on ahead)
10 lift, elevator
11 beach
14 chili
16 that is, that's
18 boat
19 open
21 finger
22 to pass (by)
24 station
26 tower
28 young *(of animals)*
29 real, really
31 soon, too soon

30.2 He kimi kupu. *Find the Māori equivalent for each of the English words listed below the puzzle. All the Māori words have been used in Chapter Five. Circle each word as you find it. They go in any direction, even backwards.*

Kia mōhio ai koe: *The Māori words do not have macrons in the puzzle.*

```
K I S A A A U A Y E I E K I T E K I T A A G Y Z G U I
C Y K R T T F G G A N T E N P Q E C B N H B Y K W K P
H H T A K I H I W G U O O M F X G R E E U R S H H E A
N P G M R T A J M N A C L P W S Z N U N R D A I A O M
U J M I E H I A X A H E K U P I A W I H E K I J K X H
T Y Y R Z O X R Q H A I A N I N I R A Y A N M Z A S T
N T A I W X V I O K G I S F L J O W R K A P G I K E P
H U Q H J D N D A H N M P Z R L E K A P K A P O I K F
P B A A A E A K K T A K A W A R E T O J Q S O H I L F
E I W U O T I P O T K N J S U N A P U K O U A W K A A
M X G A A R Z K I W A A G O E K Q W U R A N R Y C I V
W F O T I K N M M H H W P A A R U S A A A T T U S O C
M D P H H M A X B F W E M T F W E R W H P A W O T K Q
H O A T U T A H W Y I R A C H O A R M C W A Z R L U V
R I B W I K Z R E W A A Q A N K H H E H E M K T H G T
X E Y Z A A Q B I R K R I Y A W F B I A D E N A O Q E
M T I I S R J S X E U A F H J N L T T O H U L P H L G
E Y S V A U P I G N O H W B V X I D U I H W U I H W D
```

beach
blind
boat
chili
culture
distant, far
dizzy, giddy
down, downwards
end
entertainer
fairly, rather, somewhat
finger
fortunately
goods
Hong Kong
last night
lift
lolly
map
north
open
path

real, really
shovel
slow, late
spade
station
tall, high
taxi
that's
to fill (up)
to flood
to go on ahead
to have, possess
to indicate, point to
to juggle
to make laugh
to pass (by)
to phone
to use up
tower
view
windsurfing

115

30.3 He panga kupu. *Solve the following acrostic puzzles. They use Māori words taken from Chapter Five. Firstly, in the spaces provided, write down the Māori words for the English clues. When you have finished that, look at the first letter of each of the Māori words. Reading down, another Māori word should be formed. Write down that word beside "Kupu Māori". Beside the word "Tikanga", write down its English equivalent.*

1	to change	**Kupu Māori** ....
2	last night	**Tikanga** ....
3	north	
4	right now	
5	spade	
6	culture	
7	takeaways	
8	dizzy, giddy	

1	distant, far	**Kupu Māori** ....
2	path	**Tikanga** ....
3	blind	
4	lift, elevator	
5	fortunately	
6	smoke	
7	goods	
8	is/are not	